いちばんたのしい！
なぞなぞ
大集合
だいしゅうごう
小野寺ぴりり紳
JN242372
高橋書店

この本の楽しみかた

楽しいポイント

1. なぞなぞが1000問以上あるから、たくさんあそべるよ！
2. レベル1からレベル3まであるから、いろんなむずかしさのなぞなぞにチャレンジできるよ！
3. みぢかなもののなぞなぞから、すいりもんだいまで、はば広く集めたよ。なぞなぞをといて、ちしきを深めよう！

レベル1 はじめのなぞなぞ

はじめにチャレンジする、やさしいなぞなぞだよ。絵がヒントになっていることもあるから、よーく見て考えてみよう！

レベル2 どんどん！なぞなぞ

少しレベルアップしたなぞなぞだよ。たくさんあるから、どんどんといていこう！絵を見て考える、楽しいもんだいもあるよ。

第1章 みぢかななぞなぞ

204 せきが満員の電車におじいさんが乗ってきたのに、だれもせきをゆずらなかったよ。なぜかな？

ヒント1 そのおじいさんよりもせきをひつようとしている人たちがいたよ。

ヒント2 おじいさんがせきをゆずらなければならないとしたら、どんなときかな。

203 一時間に十まいの絵をかくとやくそくした人が、とちゅうでいびきをかいていねむりをしてしまったため、やくそくを守れなかった。この人がさいごにかいたものはなあに？

ヒント1 さいごにかいたのは「いびき」ではないよ。

ヒント2 やくそくを守れなくて、「はずかしい」と思ったんだね。

レベル3 ウルトラ！なぞなぞ

わかるかな？ ひっかけなぞなぞ

レベル3★★ ウルトラ！ なぞなぞ

むずかしいなぞなぞだよ。わからないときは、ヒントをじゅんばんに見てみよう。ヒントなしでとけたらすごい!!

ちょっとひとやすみ

なぞなぞをたくさんといたら、少し休けい。まちがいさがしやクロスワードパズルなど、なぞなぞとはちがったもんだいで楽しもう♪

おかしなところが五つ!?

ちょっとひとやすみ

まちがいさがし

左の絵には、右の絵とちがうところが五つあるよ。ばらばらになった絵の中から、まちがいを見つけられるかな？

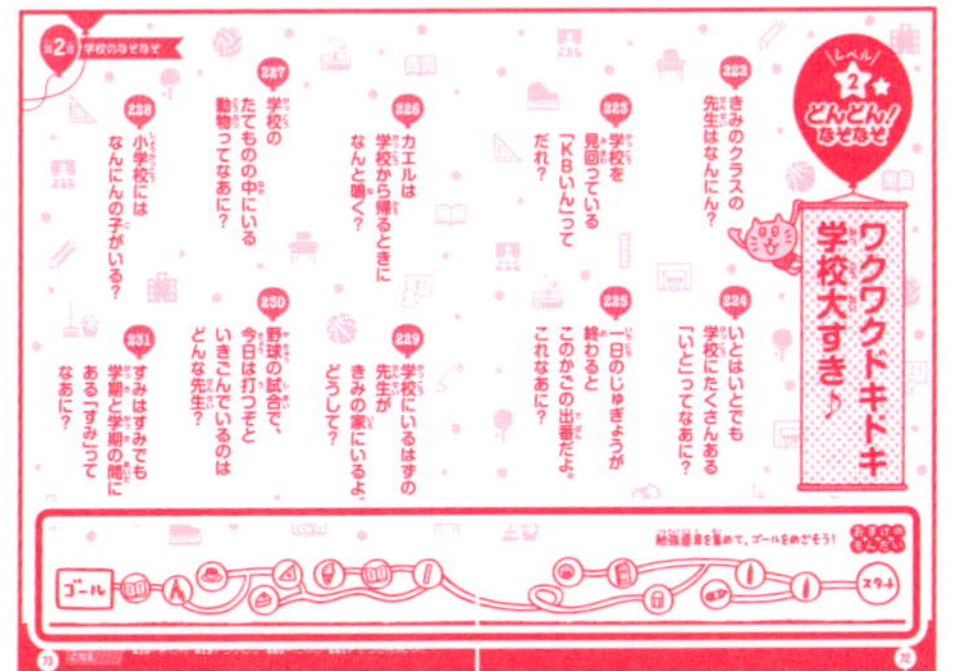

第2章 学校のなぞなぞ

レベル2 どんどん！なぞなぞ

ワクワクドキドキ学校大すき♪

222 きみのクラスの先生はなんにん？

224 いとはいとでも学校にたくさんある「いと」ってなあに？

223 学校を見回っている「KBいん」ってだれ？

225 一日のじゅぎょうが終わるとこのかごの出番だよ。これなあに？

226 カエルは学校から帰るときになんと鳴く？

229 学校にいるはずの先生がきみの家にいるよ。どうして？

227 学校のたてものの中にいる動物ってなあに？

230 野球の試合で、今日は打つぞといきごんでいるのはどんな先生？

228 小学校にはなんにんの子がいる？

231 すみはすみでも学期と学期の間にある「すみ」ってなあに？

おまけのもんだい 勉強道具を集めて、ゴールをめざそう！

スタート ゴール

おまけのもんだい

レベル2のなぞなぞの下には、絵さがしやめいろなどのおまけのもんだいがあるよ。楽しい絵であそぼう！

イラスト★the rocket gold star／常永美弥／秋野純子／仲田まりこ／上田惣子／間宮彩智／千秋ユウ

デザイン★渡辺禎則＋小野塚学（Webooks）　校正★鷗来堂／くすのき舎　編集協力★株式会社 童夢

第1章

みぢかな なぞなぞ

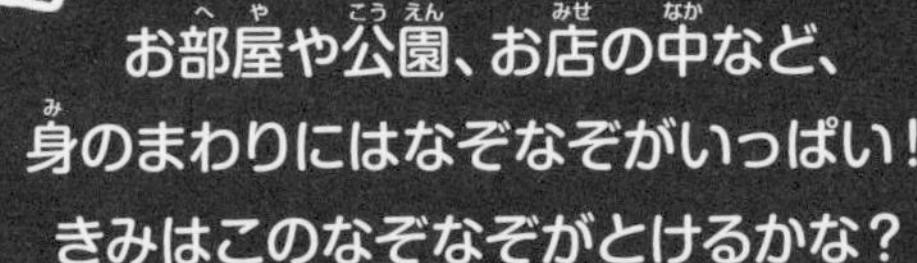

お部屋や公園、お店の中など、
身のまわりにはなぞなぞがいっぱい！
きみはこのなぞなぞがとけるかな？

おまけのもんだい

絵さがしにチャレンジ！

レベル2のなぞなぞの下には、お部屋の絵があるよ。
絵をよーく見て、お部屋の中にかくれている
いろんなアイテムをさがしだそう！

ムシャムシャおいしい朝ごはんの時間

1

たまを五つ
やいたら
なにができた?

2

チョウが
朝とるのは
どんな
食事かな?

こたえは次のページ

\レベル/
1
はじめのなぞなぞ

今日も身だしなみはばっちり！

カンタンにゃー

5

94を使ったら
きれいに
なれたよ。
これってなあに？

3▶トースト（十スト）　4▶オレンジジュース

前のページのこたえ　1▶たまご（たま五）やき　2▶朝食（ちょうしょく）

レベル1
はじめのなぞなぞ

たいへん！具合が悪くなっちゃった…

9 病院で、真ん中にさつがあるのはどんな部屋？

8▶かみの毛

10 お医者さんが使う、背の高い道具ってなあに？

11 二回すると十本になるものってなあに？

12 ひいたりふいたりするよ。これってなあに？

前のページのこたえ 5▶くし 6▶かがみ 7▶はがき（「はみがき」の「み」をとる）

レベル2
どんどん！なぞなぞ

お部屋にあるこれ、な〜んだ？

13 じゃまなのにねるときに着るものってなあに？

14 明るい朝になっても暗そうな名前のものってなあに？

15 おもちゃの中にかくれている食べものってなあに？

16 ハンカチのはしっこにいる虫ってなあに？

車はどこにかくれているかな？

11▶せき（ゴホンゴホン→五本五本で十本） 12▶かぜ

17

いつもゆかに
横になって
動かないペットって
なあに?

18

本ではないのに
みんなが「本」だと
なっとくするものって
なあに?

19

太陽の光が
つくりだす
ぼうしって
どんなぼうし?

20

長いうでと
短いうでを、一日中
動かしている
ものってなあに?

21

頭に点が二つつくと
おどりだす
家具ってなあに?

22

ふうとうに
入れたときに
ふうをしない
ものってなあに?

前のページのこたえ　9▶しんさつしつ　10▶ちょうしん(長身)き

絵(え)にかくされたなぞをといて！

23 これはなんと読(よ)むのかな？

24 これはなんと読(よ)むのかな？

16▶ハチ（ハンカチ）　17▶カーペット　18▶本(ほん)だな　19▶かげぼうし

25

かけるのは
体の上、
これなあに？

26

ねむっているのを
じゃまして
かんしゃされるもの、
これなあに？

前のページのこたえ

13▶パジャマ　14▶まくら（まっくら）　15▶おもち
20▶時計　21▶タンス（ダンス）　22▶風船（ふう、せん）

おいしそうなにおいがしてきた!

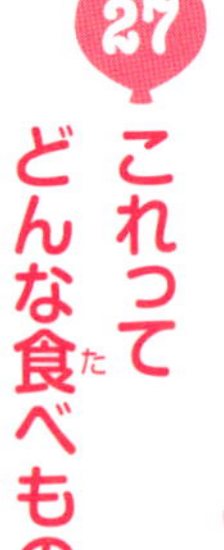

27 これって どんな食べもの?

28 これって どんな飲みもの?

トランプはどこにかくれているかな?

26▶目ざまし時計

29 なにが起（お）きているのかな？

30 食（た）べものにつけるこれってなあに？

前（まえ）のページのこたえ　23▶クジラ（九時（くじ）ラ）　24▶虹（にじ）（二時（にじ））　25▶ふとん

レベル2 どんどん！なぞなぞ

おいしいごはんをつくろう♪

31 耳にかこまれた食べものってなあに？

32 子どもの子どもがゆでた食べものってなあに？

33 中にサイが入っている飲みものってなあに？

34 食べものにかける「みみみみみみとうがらし」ってなあに？

29▶アリがナシを食べている　30▶わさび（輪・さび）

35

なめるとあまい「さ」「う」ってなあに？

36

パンはパンでもかたーいパンは？

37

サイが使うキッチン用品ってなあに？

38

台所のすぐ近くにおいてあるものってなあに？

39

「ごはんをよそう」ってなんもじ？

40

「ジュース」を「ジュー」にしちゃうものってなあに？

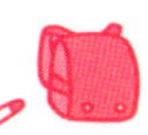

前のページのこたえ　27▶目玉やき（目玉や木）　28▶ココア（ここ「あ」）

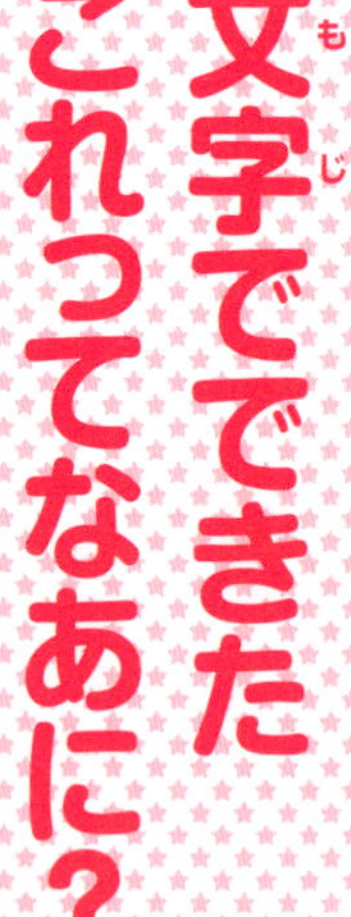

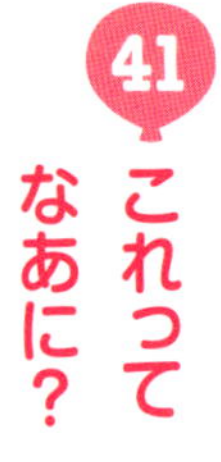

これってなあに?

これってなあに?

ものさしはどこにかくれているかな?

34▶しちみ(七(しち)み)とうがらし　35▶さとう(「さ」と「う」)　36▶フライパン

40▶ストロー(「ス」取(と)ろう)

43

これってなあに？

44

これってなあに？

前のページのこたえ

31▶食パン　32▶ゆでたまご（ゆでた・まご）　33▶サイダー

37▶さいばし　38▶ふきん（付近）　39▶しゃもじ

レベル 2

どんどん！なぞなぞ

リビングでのんびり、まったり

45 本当(ほんとう)は上(うえ)にのれるけれど、「のれない」って言(い)っちゃうものはなあに？

46 足(あし)にはくもので、とてもりっぱなものってなあに？

47 まどの近(ちか)くの負(ま)けそうなものってなあに？

48 運(はこ)ぶときに手(て)がふるえてしまう家具(かぐ)ってなあに？

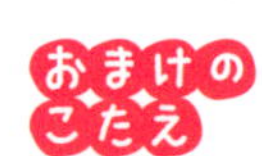

43▶湯(ゆ)のみ（「ゆ」のみ） 44▶はし（は四(し)）

49
ソファにすわっているのはおじいちゃん？おばあちゃん？

50
さかさにして読んでも、同じように読めるものってなあに？

51
いとはいとでも見るとまぶしい「いと」ってなあに？

52
このきかいを見た日はみんなてれちゃうよ。これなあに？

53
かけたり、引いたり、すわったりする家具ってなあに？

54
あんの中にいろをつけたらなにになるかな？

前のページのこたえ　41▶アニメ（「ア」に目）　42▶ごみ（五み）箱

体（からだ）のふしぎを見（み）てみよう！

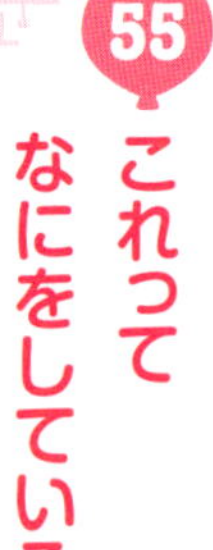

55 これって なにをしているの？

56 これって 体（からだ）のどの部分（ぶぶん）？

クレヨンはどこにかくれているかな？

48▶テーブル（手（て）・ぶる） 49▶おじいちゃん（ソファ＝祖父（そふ））

54▶アイロン

57

顔（かお）にたっている
ビルってなあに？

58

顔（かお）から出（で）ている
ゆげってなあに？

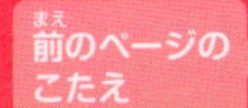

前（まえ）のページのこたえ

45▶のれん　46▶スリッパ　47▶カーテン（勝（か）てん）
50▶新聞紙（しんぶんし）　51▶ライト　52▶テレビ（照（て）れ日（び））　53▶いす

レベル2
どんどん！なぞなぞ

おふろでゆっくりリラックス♪

59 せんをぬいていないのに、おふろのお湯がなくなっていたよ。どうして？

60 石けんについてのいろんな話をなんという？

61 タイはタイでも顔にいる「タイ」は？

62 九こめまではあって、十こめにはなくなる体の部分ってなあに？

58▶まゆげ

63 年を取るとできる四つの輪ってなあに？

64 「ひふ」の上にのっている顔のある部分ってなあに？

65 はだかになっても服を着ている体の部分ってなあに？

66 体の中で、へってもへってもなくならないのはどこ？

67 顔にあって、さめたり回ったり光ったりするものってなあに？

68 モモはモモでも、足にある「モモ」ってなあに？

前のページのこたえ　55▶はみがき　56▶すね（「す」がねている）　57▶くちびる

レベル 2 どんどん!なぞなぞ

間に合った!トイレですっきり

69 トイレの中でおし合っている人はなにをしているのかな?

70 勉強の中にかくされている、トイレにあるものってなあに?

71 くるくる回って、さいごはあなにすいこまれる紙ってなあに?

72 おなかをこわしたときにあらわれる板ってなあに?

植え木ばちはどこにかくれているかな?

61▶ひたい 62▶つめ(一つめ、二つめ……九つめ、十こめ)
66▶おなか 67▶目 68▶太もも

73 トイレでまたがる「ワシ」ってなあに？

74 「931おなら」ってなんのこと？

75 トイレでよく見かける花ってなあに？

76 おしりはおしりでもとくに重そうなおしりをなんという？

77 トイレの外にいる人と中にいる人が、同じことをくり返すよ。これってなあに？

78 トイレのあとに出てくる、さわやかな「きり」はなあに？

前のページのこたえ
59▶お湯がさめて水になっていたから　60▶世間話（せっけん・話）
63▶しわ（四・輪）　64▶は（はひふへほ）　65▶ふくらはぎ

レベル2 どんどん！なぞなぞ

庭にあるのはなんだろう？

79 外に出すときは重く、中に入れるときには軽いものってなあに？

80 外でシャツを着たりパンツをはいたりするさおってなあに？

81 ぜんぜん切れないのにみんながよく使うはさみってなあに？

82 花や木の上に雨をふらせる道具ってなあに？

72▶はらいた　73▶和式（ワシき）トイレ　74▶くさいおなら

83

顔(かお)はないのに
「め」や「は」や「はな」が
あるものってなあに？

84

花(はな)や木(き)を育(そだ)てるときに
はじめにやる
「まき」ってなあに？

85

花(はな)や木(き)を育(そだ)てるときに
わすれてはいけない
「やり」ってなあに？

86

庭(にわ)の池(いけ)の中(なか)から
きみをよんでいる
魚(さかな)ってなあに？

87

いろんなものを
しまっておく木(き)って
どんな木(き)？

88

家(いえ)を
とりかこんでいる
39ってなあに？

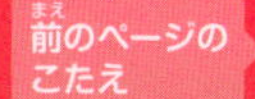
前(まえ)のページのこたえ

69▶おしっこ　70▶べんき　71▶トイレットペーパー
75▶スイセン（水洗(すいせん)）　76▶どっしり　77▶ノック　78▶すっきり

レベル2★ どんどん！なぞなぞ

家(いえ)のまわりにひそむなぞ

89 本(ほん)だなではなく げんかんにある 「ほん」ってなあに？

90 わからないと 手(て)をあげる「もん」って なあに？

91 指(ゆび)にある「もん」って なあに？

92 おすし屋(や)さんにある おいしい「もん」って なあに？

野球(やきゅう)ボールはどこにかくれているかな？

81▶せんたくばさみ　82▶じょうろ　83▶植物(しょくぶつ)（芽(め)や葉(は)や花(はな)がある）
88▶さく

93 さいふの中ではなく
門についている
「さつ」ってなあに？

94 げんかんに
九人分のくつがある。
みんな、なにをしに
来たのかな？

95 戸の上に
のっている
ものってなあに？

96 「あいうえお」の
「う」は
どこにいる？

97 やねはやねでも
日がしずむと
すぐにねてしまう
「やね」ってなあに？

98 戸のかげにいる
生きものって
なあに？

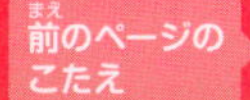
前のページのこたえ

79▶せんたくもの（かわくと軽くなる） 80▶物ほしざお
84▶たねまき 85▶水やり 86▶コイ（来い） 87▶ものおき

お部屋の中であそぼう!

99 さいごの さいごにやった ゲームってなあに?

100 ひもを使って あそぶとりって どんなとり?

101 トランプのマークで 一番たいへんなのは どれ?

102 石とはさみと紙で 勝負するあそびって なあに?

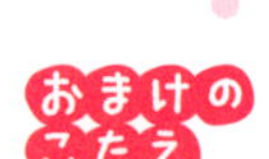

93▶表札　94▶休息(九足)　95▶て(「たちつてと」の「と」の上は「て」)

103
まごと楽しむ
あそびって
なあに？

104
こねられたり
たたかれたり…。
なんにでもなれる
ものってなあに？

105
おられたり
広げられたりして、
いろんな形になる
ものってなあに？

106
おしりを取って
あそぶものって
なあに？

107
手品に使える
ぶんぼうぐって
なあに？

108
顔が六つ、
目が二十一こもある
ものってなあに？

こたえは38・39ページ

前のページのこたえ
89▶インターホン　90▶質問　91▶指紋　92▶サーモン
96▶家の中（「い」と「え」の間にある）　97▶はやね　98▶トカゲ

おかしなところが五つ!?

まちがいさがし

左の絵には、右の絵とちがうところが五つあるよ。
ばらばらになった絵の中から、まちがいを
見つけられるかな？

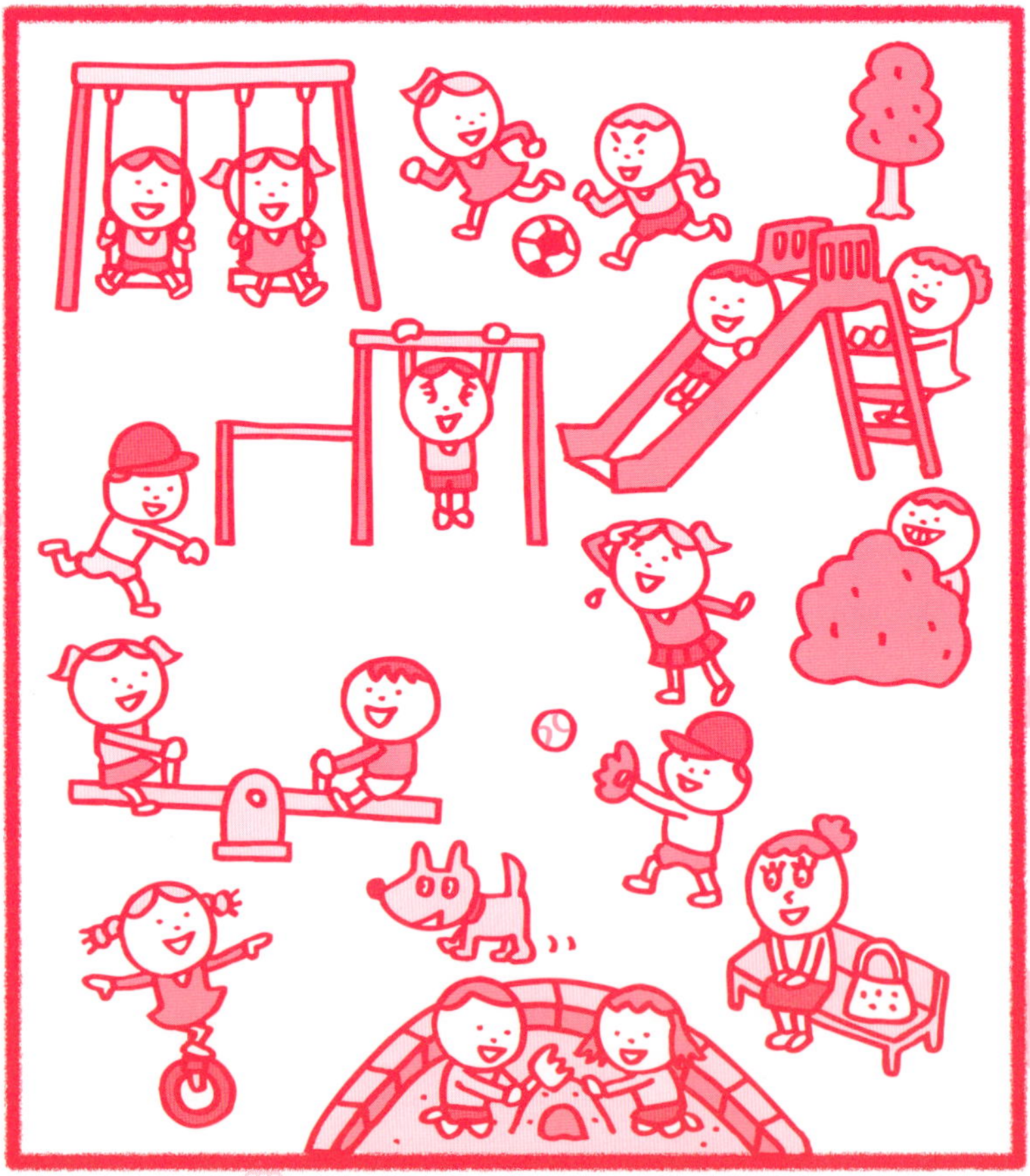

こたえは317ページ

レベル2★ どんどん！なぞなぞ

みんなで元気にあそぼう！

109 行ったり来たりするけど、おりるときは元の場所。公園にあるこれって？

110 「おにおにおにおにおにおに」ってどんなあそび？

111 毛をやいた木ってなあに？

112 待ち合わせ場所にはえている木ってなあに？

おまけのもんだい めがねはどこにかくれているかな？

102▶じゃんけん　103▶ままごと　104▶ねんど　105▶おり紙

113

ねだんが
高い木って
なあに？

114

のぼりはかいだん、
くだりは坂道、
これなあに？

115

子どもがあそぶ、
小さなさばくって
なあに？

116

公園の木は、
おとなと子ども
どっちが
植えたのかな？

117

一つだと木になるものに、
二つだと顔に
あるものになる。
これなあに？

118

いつも
おたけびをあげて、
歩いてばかりいる
王さまって？

34・35ページのこたえ
99▶囲碁（さいご） 100▶あやとり 101▶クローバー（苦労バー）
106▶しりとり 107▶マジック 108▶サイコロ

119
ぼうはぼうでも
あそびにさそうときに
使(つか)う「ぼう」って
なあに？

120
持(も)っていると
やる気(き)が出(で)る
「ぼう」ってなあに？

121
ぶらさがったり
まわったりしてあそぶ
「ぼう」は？

122
森(もり)の近(ちか)くで
食(た)べるものって
なあに？

123
木(き)がなく
雨(あめ)もふらない
ジャングルって
なあに？

124
手(て)だけでいどうする、
横向(よこむ)きのはしごって
なあに？

おまけのこたえ

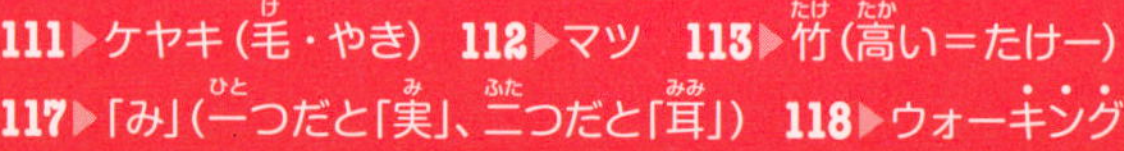
111▶ケヤキ（毛(け)・やき）　112▶マツ　113▶竹(たけ)（高(たか)い＝たけー）
117▶「み」（一(ひと)つだと「実(み)」、二(ふた)つだと「耳(みみ)」）　118▶ウォーキング

125

さわると消えて
なくなっちゃう玉って
なあに？

126

右か左か、
どっちににげるか
まよっちゃう
スポーツってなあに？

127

のどがかわくと
つい行きたくなる、
道じゃない道って
なあに？

128

一人ではできない
かけっこって
なあに？

129

かくれんぼのおにが出す
「カイ」ってなあに？

130

一人が高くなると、
もう一人は
ひくくなる。
公園にあるこれって？

前のページのこたえ
109▶ブランコ　110▶おにごっこ（「おに」が五こ）
114▶すべり台　115▶すな場　116▶おとな（子、植えん）

かわった花と魚を見つけたよ！

131

これは
どんな花？

132

上の絵はバラ。
じゃあ下の絵は
なあに？

花はどこにかくれているかな？

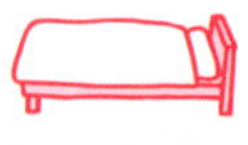

123▶ジャングルジム　**124**▶うんてい　**125**▶しゃぼん玉
129▶もういいかい？　**130**▶シーソー

133

顔(かお)の真(ま)ん中(なか)に「つ」があるよ。これはなあに？

134

これはなあに？

前(まえ)のページのこたえ

119▶あそぼう　120▶きぼう　121▶鉄(てつ)ぼう　122▶もりそば

126▶ドッジ（どっち）ボール　127▶水道(すいどう)　128▶おいかけっこ

レベル 2 どんどん！なぞなぞ

ルンルン♪楽しいお買いもの

135 「ナナナナ」ってどんな食べもの？

136 スイカ、ミカン、メロンの中できになるくだものはどれ？

137 かんばんに「まみむねも」って書いてあるのはなんのお店かな？

138 小さな声でわらっているのはなに屋さん？

おまけのこたえ

134▶ヒラメ（「ひめ」の真ん中に「ら」がある）

139 おいしいレストランの中にかざってあるものはなあに？

140 とこ屋さんはお客さんからもらったお金をどうする？

141 ねだんがわからない魚のたまごってなあに？

142 魚屋さんで買いたいと思ったものが二つあるよ。なにとなに？

143 ウリはウリでもお店にあるとみんながよろこぶ「ウリ」ってなあに？

144 どくはどくでも買いもの客がよろこぶ「どく」ってなあに？

前のページのこたえ　131▶スミレ　132▶バラバラ　133▶カツオ

このやさいって、な～んだ？

145 これはなんというやさいかな？

146 これはなんというやさいかな？

てぶくろはどこにかくれているかな？

137▶めがね屋さん（「め」が「ね」になっている）　138▶くすり屋さん

141▶イクラ（いくら？）　142▶貝、タイ（買いたい）　143▶安売り　144▶お買い得

147
これはなんという
やさいかな？

148
これはなんという
やさいかな？

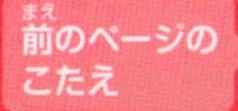
前のページのこたえ

135▶ナシ（な四）　136▶ミカン（ミカンだけは「木になる」）
139▶石（おいしい）　140▶貯金（チョキン）する

レベル2 どんどん！なぞなぞ

しんせんなやさいがいっぱい！

149 ダイコンの中にかくれている楽器ってなあに？

150 料理に使う緑色のガスってなあに？

151 花をかりてくるやさいってなあに？

152 やおやさんにあって、さかさにするとはまべや公園にあるものってなあに？

147▶トマト（戸・的）　148▶ゴボウ（五ぼう）

153
おおぜいで
おしくらまんじゅうを
している、ひげのはえた
やさいってなあに？

154
ハクサイを
食べたら
どうなった？

155
やさいが
たくさんとれる
「タケ」ってどこ？

156
おとなも子どもも
なみだが出ちゃう
やさいってなあに？

157
真っ赤な顔をして
土にうまっているのは
なにじん？

158
パーマを
かけている人が
すきなキノコって
なあに？

前のページのこたえ
145▶オクラ（おく・ラ） 146▶モヤシ（もや四）

レベル 2

どんどん!なぞなぞ

あま~いものが食べたいな♪

159 空から九こも落ちてきたおかしってなあに?

161 うす暗い日に空からふってきたおかしってなあに?

160 せっかくつくったのにだれも食べようとしないおかしってなあに?

162 とても古くておどろいてしまうけど、おいしいおかしってなあに?

リボンはどこにかくれているかな?

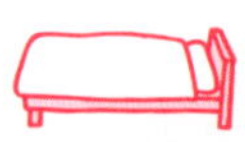

フラワー) 152▶ナス 153▶トウモロコシ
157▶ニンジン 158▶マイタケ(まいた毛)

163 はしっこを食べると急にほしくなるおかしはなあに？

164 とてもあまそうな魚ってなあに？

165 かしはかしでもとても古い「かし」ってなあに？

166 メグミちゃんの中にかくれているおかしってなあに？

167 「だんだんだんだんだん」ってどんな食べもの？

168 チョコの中に金歯を入れたらなにになる？

前のページのこたえ

149▶たいこ　150▶アスパラガス　151▶カリフラワー（花は英語で
154▶歯がくさくなった（ハクサイ）　155▶畑　156▶タマネギ

169
パイはパイでも
ふあんな気持ちになる
「パイ」ってなあに？

170
頭の上に
「パイ」をのせている
くだものってなあに？

171
先に生まれた
「パイ」ってなあに？

172
てきの中に
まぎれこんで
ひみつをさぐる
「パイ」ってなあに？

173
うまく
つくれなかった
「パイ」ってなあに？

174
0をまいて
食べるものって
なあに？

161▶あめ　162▶ワッフル（わっ、古）　163▶エクレア　164▶アンコウ
168▶貯金箱（チョきんばこ）

175
十このタルに入っているおかしってなあに？

176
くすぐったときにあらわれるおかしってなあに？

177
おいしそうなのに、だれも食べようとしないパンってなあに？

178
三時の「おおおおおおおお」ってなんの時間のこと？

179
プッとふきだしたあとにすずの音がしたよ。このデザートってなあに？

180
よくかんで、やわらかくするけどはきだすものってなあに？

前のページのこたえ
159▶クラッカー（九・落下） 160▶ホットケーキ（放っとけ）
165▶むかし 166▶グミ 167▶だんご（だん五）

レベル2 どんどん！なぞなぞ

ぼく、わたしがファッションリーダー

181 みんなが「わあ、いいね！」とほめてくれるのはどんなシャツ？

182 お茶(ちゃ)を飲(の)むときに着(き)るシャツってなあに？

183 バスケットボールやテニスができる服(ふく)ってなあに？

184 こしにまく十(じっ)このベルってなあに？

さいふはどこにかくれているかな？

173▶しっぱい　174▶クレープ（ク0(れい)プ）　175▶タルト（タル十(とお)）
178▶おやつ（お八(やっ)つ）　179▶プリン　180▶ガム

185
ふくはふくでも行ったり来たりする「ふく」ってなあに？

186
足を入れたらブザーの音が鳴ったよ。これってどんなくつ？

187
足にはくタル三つってなあに？

188
すぐにあきてしまうくつってなあに？

189
王さまが足にはくものってなあに？

190
山道を歩いていた人が出会った「くつ六こ」ってなんのこと？

山の中にいるどろぼうだよ。

前のページのこたえ
169▶心配　170▶パイナップル　171▶せんぱい　172▶スパイ
176▶チョコ（こちょこちょ）　177▶むし（無視）パン

191
みんなに歯を見せている人は、くつしたをはいているのかな？

192
ペンはペンでも服にぬいつけてある「ペン」ってなあに？

193
数を知りたいときにはくくつってなあに？

194
入り口が一つで行き止まりの道が五つ。手で使うこれってなあに？

195
中にパイが入っているスポーツ用のくつってなあに？

196
「グググラス」ってなあに？

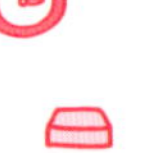

183▶コート　**184**▶ベルト（ベル十）　**185**▶往復　**186**▶ブーツ
190▶山賊（三足）

197
「ハイ」と言われて
わたされた
くつしたって
どんなもの？

198
しみはしみでも
なみだが出そうな
「しみ」ってなあに？

199
くつの中に
シカが入っている
食べものってなあに？

200
首からさげる
「ペン」ってなあに？

201
おればおるほど
長くなるものって
なあに？

202
頭が黄色で、
時間がたつと
どんどん背が
ひくくなるものって
なあに？

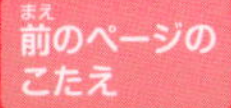

前のページのこたえ
181▶ワイシャツ（わあ、いいシャツ） 182▶Tシャツ（ティー＝お茶）
187▶サンダル（三ダル） 188▶たいくつ 189▶ストッキング

わかるかな?
ひっかけなぞなぞ

203

一時間に十まいの絵をかくとやくそくした人が、とちゅうでいびきをかいていねむりをしてしまったため、やくそくを守れなかった。
この人がさいごにかいたものはなあに?

ヒント1

さいごにかいたのは「いびき」ではないよ。

ヒント2

やくそくを守れなくて、「はずかしい」と思ったんだね。

193▶いくつ　194▶手ぶくろ　195▶スパイク　196▶サングラス(三グ・ラス)
200▶ペンダント　201▶織物　202▶ろうそく

204 せきが満員の電車におじいさんが乗ってきたのに、だれもせきをゆずらなかったよ。なぜかな？

ヒント1
そのおじいさんよりもせきをひつようとしている人たちがいたよ。

ヒント2
おじいさんがせきをゆずらなければならないとしたら、どんなときかな。

前のページのこたえ
191▶はいていない（歯出し＝はだし） 192▶ワッペン
197▶ハイソックス 198▶悲しみ 199▶くしかつ

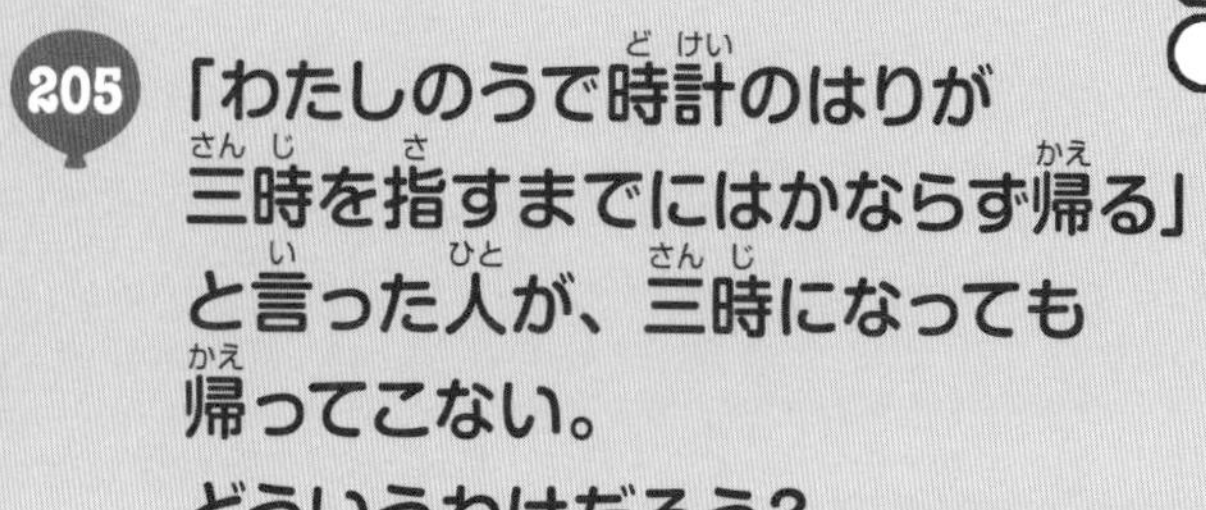

205 「わたしのうで時計のはりが三時を指すまでにはかならず帰る」と言った人が、三時になっても帰ってこない。

どういうわけだろう？

ヒント①

なにかが起きて帰れなくなったのではないし、うで時計もこしょうしていなかったよ。

ヒント②

どうやら、この人は三時までに帰りたくなかったらしいよ。

ヒント③

はりが三時を指さない時計をしていたらしいよ。

204▶すわっている人が全員、そのおじいさんよりもおとしよりだったから

206 部屋にいたら停電が起きたけど、その家のだれもおどろかなかったし、かいちゅうでんとうも使おうとしなかった。なぜかな？

かいちゅうでんとうはちゃんと用意してあったし、使えるじょうたいだったよ。

ヒント2

明かりがなくてもだれもこまらなかったんだ。それってなにをしているとき？

文字をかえるとなにが出てくる?

207 そうじをしたら
なにか出てきたよ。
出てきたものは
なあに?

しゃしほこ りんごみ

ヒント1
そうじをすると
なくなるものは?

ヒント2
二つの言葉を
取って読んでみよう。

206▶全員ねていたから

208 時間がたってあらわれたのはだれ?

おかまよなかん

ヒント①
時間がたつと、夜が明けて朝がくるね。

ヒント②
問題文の文字の中の言葉を、べつの言葉にかえると…。

ヒント③
問題文の文字の中には、夜をあらわす言葉がかくれているよ。

前のページのこたえ **205**▶デジタルのうで時計をしていたので、はりがなかった

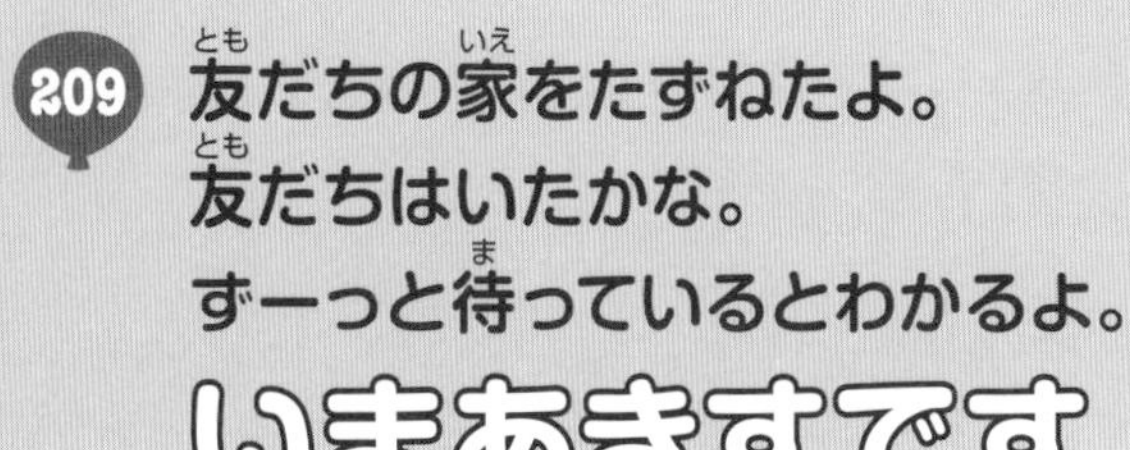

209 友だちの家をたずねたよ。
友だちはいたかな。
ずーっと待っているとわかるよ。

いまあきすです

問題文の文字の中には、きせつがかくれているよ。

きせつがかわるくらい、ずーっと待っていたよ。

こたえは67ページ

前のページのこたえ

207 写真（そうじをしたら「ほこり」と「ごみ」がなくなる）

208 お母さん（「まよなか」が「あさ」になり「おかあさん」になる）

勉強したり、運動したり、友だちとあそんだり…。
楽しい学校生活の中にある
なぞなぞにチャレンジしてみよう！

めいろにチャレンジ！

レベル2のなぞなぞの下には、めいろがあるよ。
勉強道具やボール、アルファベットを集めながら、ゴールまで進もう！
同じ道を二回通ることはできないよ。

210
月曜の次は火曜、火曜の次は水曜。じゃあ、朝だれかと会ったらなによう？

211
車がたくさん通る道の上にある「きょう」ってなあに？

212

三つの目を光らせて道ばたに立っているものってなあに？

213

2は英語でツーだけど、学校に行くときに使う「2が黒」ってなあに？

64ページのこたえ

209▶いなかった（「あき」が「はる」になると「いまはるすです」になる）

先生、しつもんでーす

214

来週は自分で勉強しないといけないんだって。どうして？

215 ヒョウはヒョウでも学期のさいごにあらわれる「ヒョウ」は？

216 つくえがくさったらのこったものって？

217 学校に行った全員が先生に取られてしまったものってなあに？

前のページのこたえ　210▶おはよう　211▶歩道橋　212▶しんごうき　213▶通学路

216▶つえ（「つくえ」の「く」が去る） 217▶出席

220

そうじがとくいなワシって？

221

ここがからになると教室がきれいになるものってなあに？

前のページのこたえ　214▶来週は次週（自習）だから　215▶通知表

レベル2
どんどん！なぞなぞ

ワクワクドキドキ学校大すき♪

222
きみのクラスの先生はなんにん？

223
学校を見回っている「KBいん」ってだあれ？

224
いとはいとでも学校にたくさんある「いと」ってなあに？

225
一日のじゅぎょうが終わるとこのかごの出番だよ。これなあに？

おまけのもんだい
勉強道具を集めて、ゴールをめざそう！

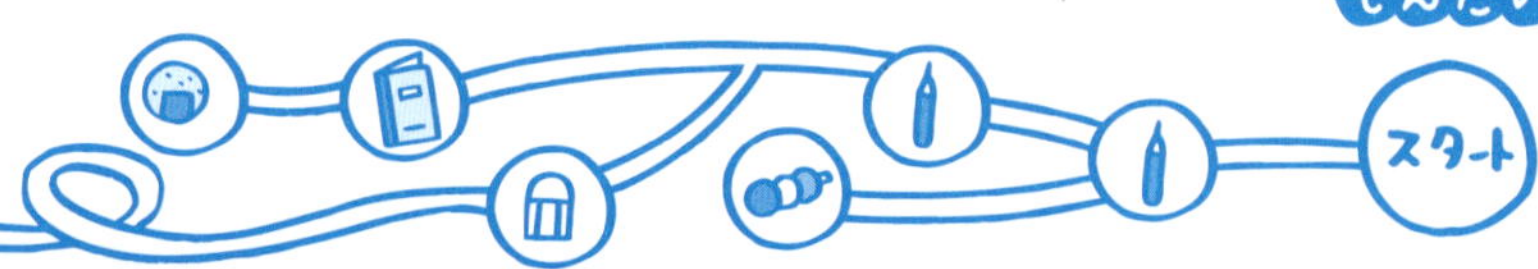

226
カエルは学校から帰るときになんと鳴く？

227
学校のたてものの中にいる動物ってなあに？

228
小学校にはなんにんの子がいる？

229
学校にいるはずの先生がきみの家にいるよ。どうして？

230
野球の試合で、今日は打つぞといきごんでいるのはどんな先生？

231
すみはすみでも学期と学期の間にある「すみ」ってなあに？

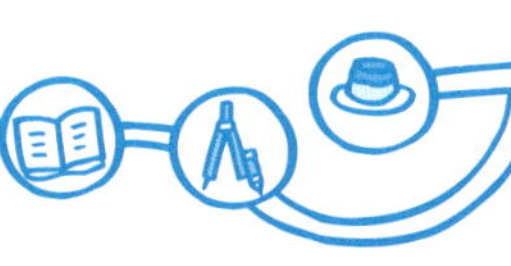

前のページのこたえ　218▶よごれ　219▶ちりとり　220▶たわし　221▶そうじ用具入れ

学校で使うもの、わかるかな?

232 これなあに?

233 これなあに?

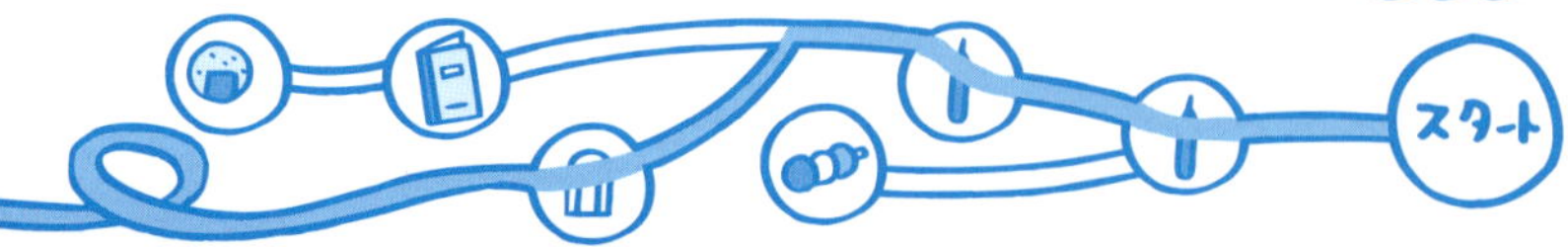

225▶ほうかご　226▶ゲコー(下校)　227▶ウシ(校舎)
229▶家庭ほうもんの日だから　230▶教頭(今日、打とう)先生　231▶休み

234

いろんなものを飲みこんで、小学生のせなかにしがみついているものって?

235

黒や緑のかべに足あとをのこすものってなあに?

前のページのこたえ
222▶たんにん　223▶けいびいん(ケービーいん)　224▶せいと
228▶一人(「学」の字の中には「子」が一つ)

レベル2 どんどん！なぞなぞ

教室にはなぞがいっぱい

236 学校で飲む薬はきき目があるかな？

237 えんぴつや消しゴムを飲みこんでしまうものってなあに？

238 じゅぎょう中、カンカンカンと音がするのはなんの日？

239 使うと黒い頭は長くなり、体は短くなるものってなあに？

勉強道具を集めて、ゴールをめざそう！

235▶チョーク

240

白くなるほど
よごれたと言われる
ものってなあに？

241

中にくじが入っている
じょうぎってなあに？

242

先生も友だちも、
なにを聞いても
教えてくれない。
なにをしているのかな？

243

えんぴつが
はたらく前には
なにもやることが
ないものってなあに？

244

教室にあって
絵がついている
ものってなあに？

245

黒いツノが
すりへると
おしりをたたかれる
ものってなあに？

前のページのこたえ　232▶時間わり　233▶えんぴつ（○＝円）　234▶ランドセル

これってなんのじゅぎょう？

このじゅぎょうってなあに？

これってどんなスポーツ？

238▶じゅぎょう参観（三カン）日　239▶えんぴつけずり　240▶黒板消し

244▶つくえ（つく・絵）　245▶シャープペンシル

248
漢字がバラバラに
なっちゃった。
なんという科目か
わかるかな?

249
音楽に
かんけいがある
これってなあに?

前のページのこたえ
236▶ある(効果=校歌がある) 237▶筆箱
241▶さんかくじょうぎ 242▶テスト 243▶消しゴム

レベル2 どんどん！なぞなぞ

知らないことがたくさん！

250 スウスウスウとねいきをたてちゃうじゅぎょうってなあに？

251 中にロバがいる、昔ながらの計算機ってなあに？

252 ふいたり、たたいたり、ひいたりするじゅぎょうってなあに？

253 箱だけど、中にはなにも入れずに重ねてとぶものってなあに？

勉強道具を集めて、ゴールをめざそう！

249▶オーケストラ（王消すトラ）

254
問題のときかたにまよってしまうじゅぎょうってなあに？

255
テストで0点を取ったらおうちの人はなんてん？

256
学校で「使わせてほしい」とたのんだらいつでも使える場所ってどこ？

257
ゆりかごの中でゆられているのはなんの教科書かな？

258
「ひひひひがた」ってどんな形？

259
五回うなずきながら聞くじゅぎょうって？

ゴール

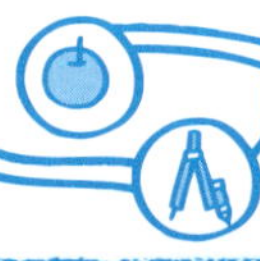

前のページのこたえ
246▶生活（せイカつ） 247▶テニス（手に巣） 248▶図工

レベル 2
どんどん！なぞなぞ

この英語、わかるかな？

260 星は英語でスター。じゃあ遊園地で走っている「スター」ってなあに？

261 ヒマワリのたねがすきな「スター」ってなあに？

262 かべにはりついている「スター」ってなあに？

263 かいぶつともよばれている「スター」ってなあに？

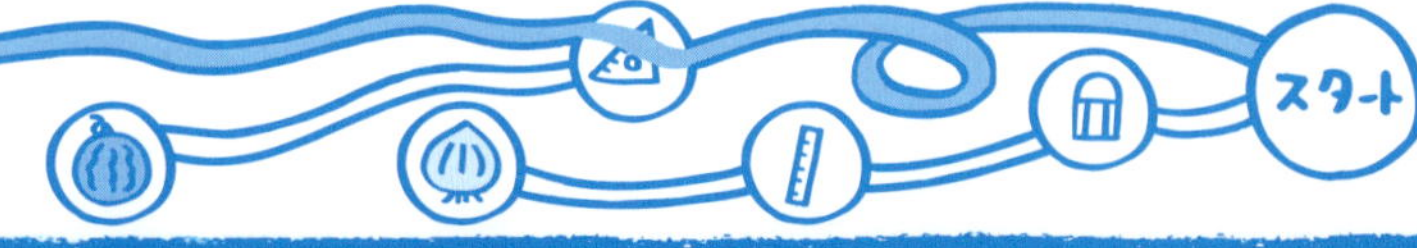

おまけのこたえ

254▶道徳（どう解く？）　255▶びっくりぎょうてん
258▶ひし形（ひ四がた）　259▶国語（コク五）

264 青い絵の具ばかり使っているとどうなる？

265 犬が話せる数字ってなあに？

266 「ii」ってどんな動物かな？

267 鳴かないトナカイが運んでいるものってなあに？

268 あげものを食べるのはなん曜日？

269 目の前の人がとつぜんどこかへ去ってしまったのはなん曜日？

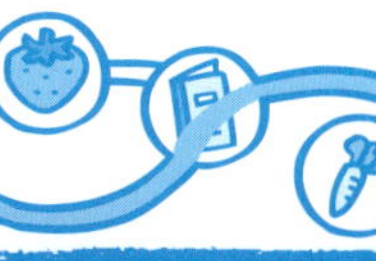

前のページのこたえ
250▶算数（三スウ）　251▶そろばん　252▶音楽　253▶とび箱
256▶運動場（うん、どうじょー）　257▶理科（ゆりかご）

270
「サボ10」って
どんな植物かな？

271
10台の車が
かくせる
ぬのってなあに？

272
赤いしっぽが
見えている
「10」ってなあに？

273
ひやして食べるもので、
おそばににている
すき通った
「10」ってなあに？

274
あんみつの中に
入っている
「10」ってなあに？

275
お祭りのときに着る
「10」ってなあに？

勉強道具を集めて、ゴールをめざそう！

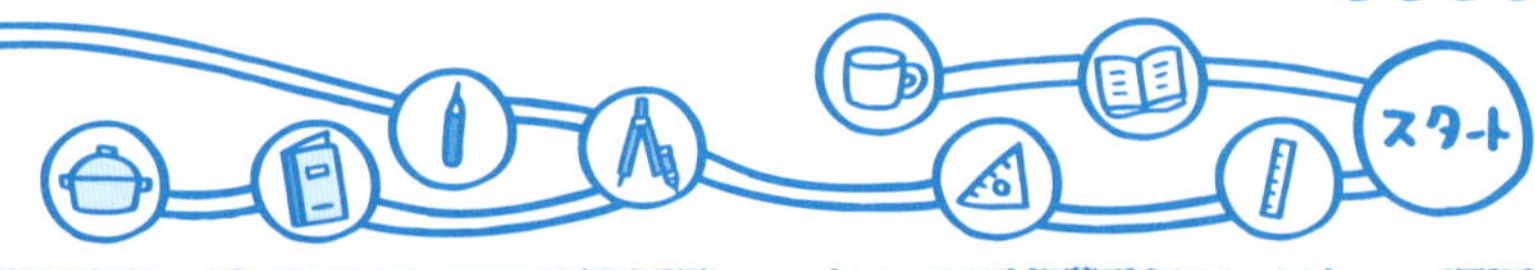

263▶モンスター　264▶ふるえる（ブルー）　265▶1（ワン）　266▶アイアイ
268▶金曜日（フライデー）　269▶土曜日（サタデー＝去ったデー）

276
空でかがやいている数字ってなあに？

277
ストーンと落ちてきたものってなあに？

278
「9999」ってどんな食器だろう？

279
王さまがすきなのは、料理？それともそうじ？

280
ジャムパンの真ん中を食べたら国になったよ。どこの国？

281
中に星が入っているあまいクリームってなあに？

前のページのこたえ
260▶ジェットコースター　261▶ハムスター　262▶ポスター
267▶おもちゃ（「ナカ」ない「トナカイ」は「トイ＝おもちゃ」になる）

レベル2★ どんどん！なぞなぞ

ひらめき！漢字の絵文字なぞなぞ

282 これはどんな漢字かな？

283 これはどんな漢字かな？

10
10

おまけのこたえ

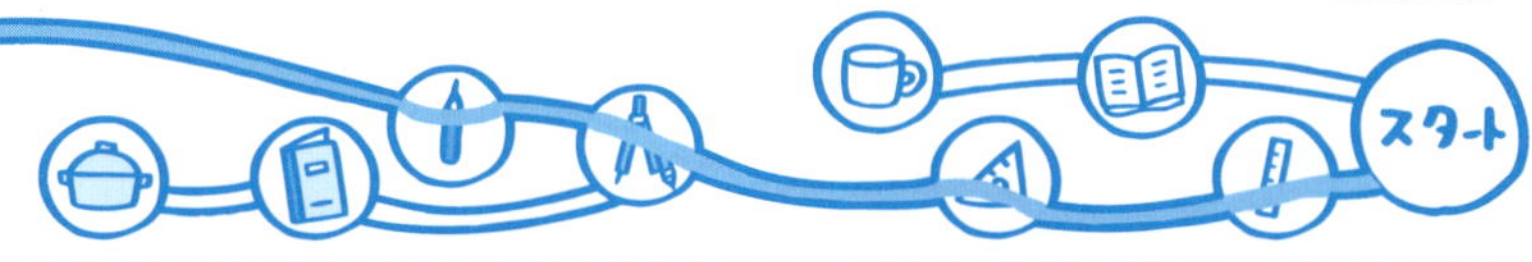

272▶えび天　273▶ところてん　274▶寒天　275▶はんてん　276▶3（太陽は英語でサン）フォーク）　279▶料理（クッキング）　280▶日本（ジャパン）　281▶カスタードクリーム

284

これはどんな漢字かな？

しろき

285

これはどんな漢字かな？

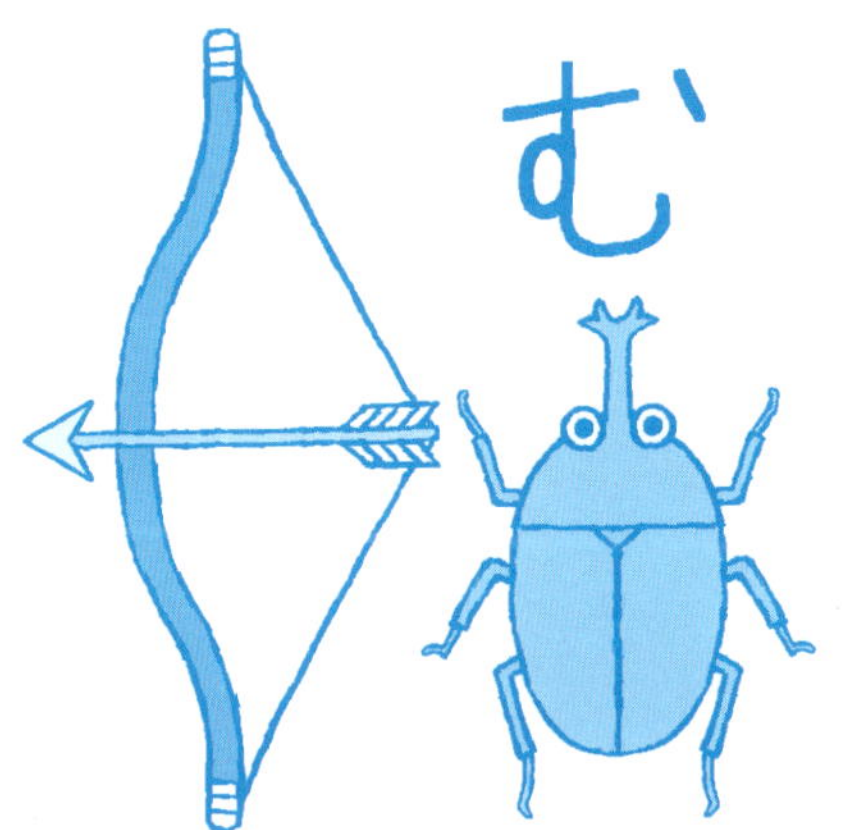

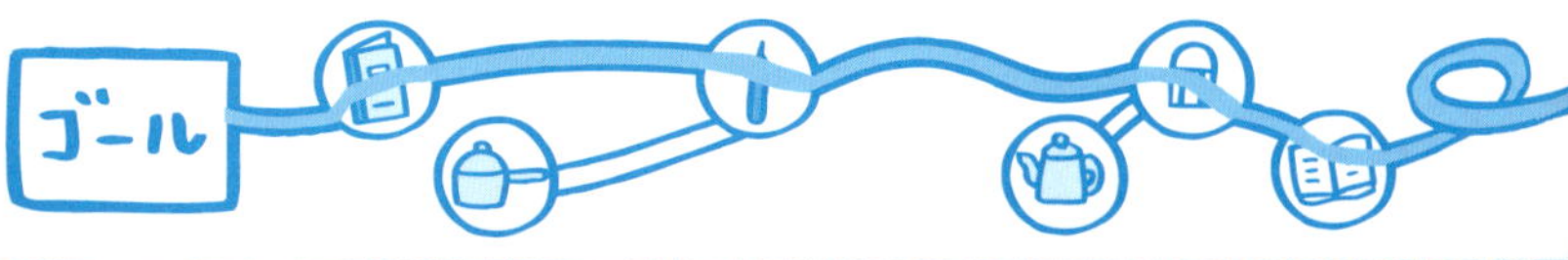

270▶サボテン（10は英語でテン） 271▶カーテン（車は英語でカー）
277▶石（石は英語でストーン） 278▶フォーク（4は英語でフォー、四つの9で

レベル 2 どんどん！なぞなぞ

漢字っておもしろい♪

286 カタカナと
まちがえて、
「ナロ」って読んじゃった
漢字ってなあに？

287 「人」に点を二つ
書き足したら
熱いものになったよ。
これってなあに？

288 一人って小さい？
大きい？

289 体からトゲを
一本ぬいたら、
あとは
どうしていれば
いいかな？

ボールを集めて、ゴールをめざそう！

290
山の下にラを書いたのはいつごろ？

291
上の戸をはずしたらいくつになる？

292
九日と十日、早起きしたのはどっち？

293
教室の中にいるのは親？　子？

294
少し止まったら次にすることは？

295
十七と十八、きになる数字はどっち？

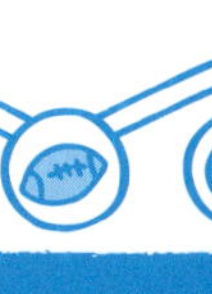

前のページのこたえ　282▶字　283▶朝　284▶楽　285▶強

296
いちいち
ぼうを立てたら
なにになる？

297
口の下に二本の
ヒゲがあるのは
だあれ？

298
四角いはたを
二本くっつけたら
丸くなったよ。
それってどんな漢字？

299
右の角を切ったら
なにになる？

300
田んぼで
力仕事を
するのはだあれ？

301
赤と白、
ほうきを使えるのは
どっち？

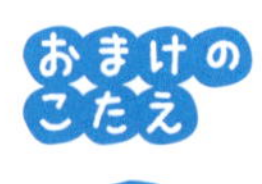

289▶休めばいい（体ー一＝休）　**290**▶今　**291**▶一（上ート＝一）
294▶歩く（少＋止＝歩）　**295**▶十八（十＋八＝木）

302
雪と雲、うなずいてばかりいるのはどっち？

303
空と海、ごはんを食べるのはどっち？

304
「書く」と「読む」、人が通るときにじゃまをしないのはどっち？

305
右と左、食事をするのはどっち？

306
記と語、食べるのがはやいのはどっち？

307
話と語、入れ歯をしているのはどっち？

前のページのこたえ
286▶右　287▶火　288▶大きい（一＋人＝大）
292▶十日（十＋日＝早）　293▶子（「教室」という文字の中には「子」がある）

レベル 2

どんどん！なぞなぞ

数字にかくされたこたえって!?

308 大急ぎで走っている「9948」ってどんな乗りもの？

309 海にもぐったら見えた「46135」ってなあに？

310 チョウをつかまえて「64か5」に入れたよ。これなあに？

311 体を休める「9K所」ってなあに？

おまけのもんだい

ボールを集めて、ゴールをめざそう！

299▶石　300▶男(田+力=男)　301▶白(「はく」とも読む)　302▶雲(「うん」
読む)　305▶右(口がある)　306▶語(口が二つある)　307▶話(歯なし)

312

なんと言っているのかな？
「87が394」

313

なんと言っているのかな？
「3734649」

314

なんと言っているのかな？
「103889889」

はじめの二つの数字は、一つの言葉だよ。

315

なんと言っているのかな？
「04098414」

0は「わ」と読もう。

316

「14まつ」ってどんな鳥のこと？

317

おかしを2こずつ、2回あげたら、どんな顔になるかな？

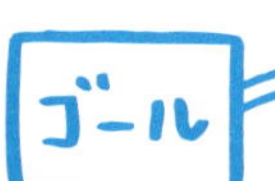

前のページのこたえ

296▶土（一＋一＋｜「ぼうを立てる」＝土） 297▶兄 298▶円とも読む） 303▶空（「くう」とも読む） 304▶読む（「どく」とも

318 羽がきれいな「94゛89」ってどんな生きもの?

319 秋から冬にかけておいしい「24ん」ってどんな魚?

320 ふくろをとじる「056」ってなあに?

321 夏に食べるとおいしい「188こ」ってなあに?

322 高いところまでとどく「84548」ってどんな乗りもの?

323 なんと言っているのかな?「4949797423」

ないている男の子に弟が言ったよ。

おまけのこたえ

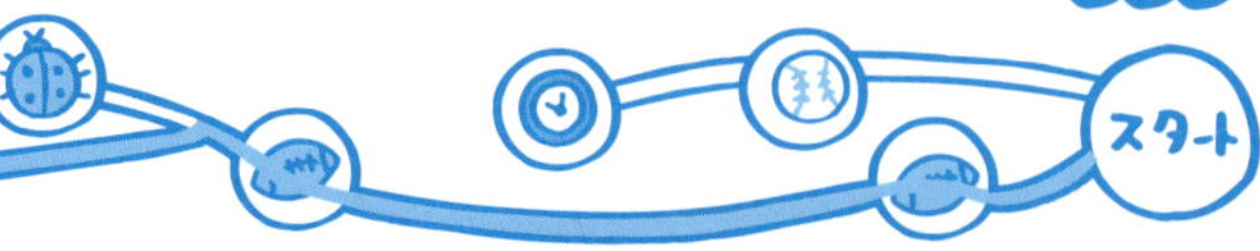

311▶休けい所　**312**▶花がさくよ　**313**▶みなさんよろしく

315▶わしは(わ)くやしいよ　**316**▶ジュウシマツ　**317**▶にこにこ(二こ二こ)

324 「12345 6789らし」って どんな調味料だろう？

325 おとなが会社でする 「4510」って なあに？

326 すてきなけしきを 見ていると よみたくなる 「819」って なあに？

327 うでをかいている人が 「か2330た」 と言ったよ。 なんと言ったのかな？

328 死んだ人が行く 「1059」って どこ？

329 「とうとうこのとしに なった」と言う人は、 なんさいに なったのかな？

前のページのこたえ
308▶救急車　309▶白いサンゴ　310▶虫かご
314▶とう（とお）さん、はやくはやく

レベル2
どんどん！なぞなぞ

学校をたんけんだ！

330 学校の入り口にもおしりにもあるものってなあに？

331 学校のきまりでろうかにないものってなあに？

332 学校にあるもので、ひじせん用のかいだんってなあに？

333 とても広いけど、休み時間になるとこんざつする場所ってどこ？

おまけのもんだい

ボールを集めて、ゴールをめざそう！

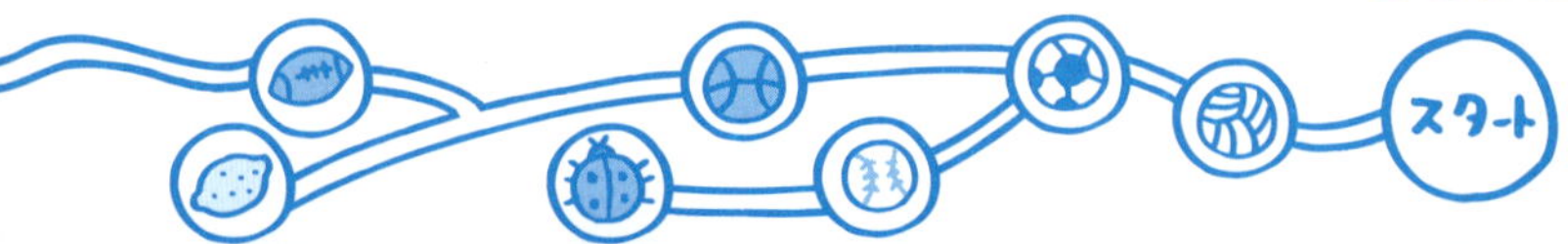

322▶はしご車　323▶しくしく泣くなよ兄さん
327▶かにさされた　328▶天国　329▶二十さい（十＋十＝二十）

334
入ると調子がよくなる部屋ってどこ？

335
学校で二しゅるいのくつがかわりばんこに入る箱ってなあに？

336
じゅぎょう中なのにねていてもおこられない場所ってどこ？

337
くじがかくれている、学校で一番高い場所ってどこ？

338
ウシはウシでも図工室にいる四角い「ウシ」は？

339
図工室のかべに絵をはるのにひつようなのはなんびょう？

こたえは100・101ページ

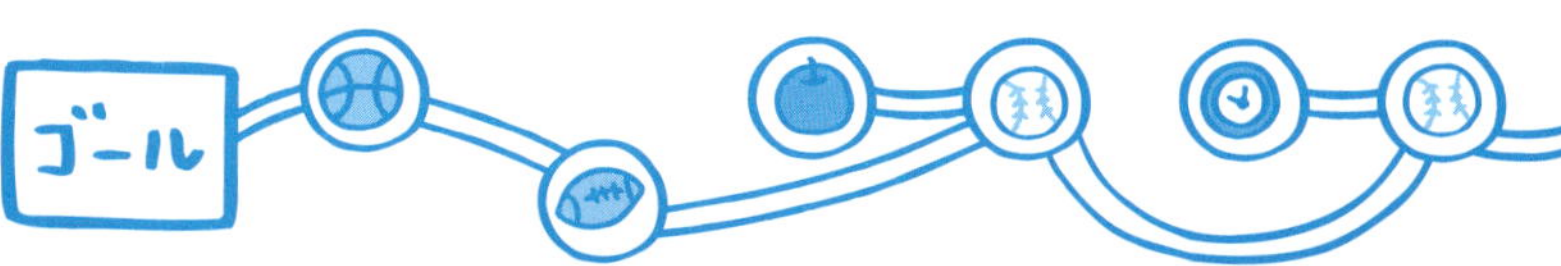

前のページのこたえ
318▶クジャク　319▶ニシン　320▶輪ゴム　321▶ひややっこ
324▶とうがらし（10が「らし」になっている）　325▶仕事　326▶俳句

じゅんばん通り進めるかな?

漢字めいろ

月→火→水→木→金→土→日のじゅんに進んで、「日」でゴールしよう!
ななめの方向や、一度通った道は通れないよ。

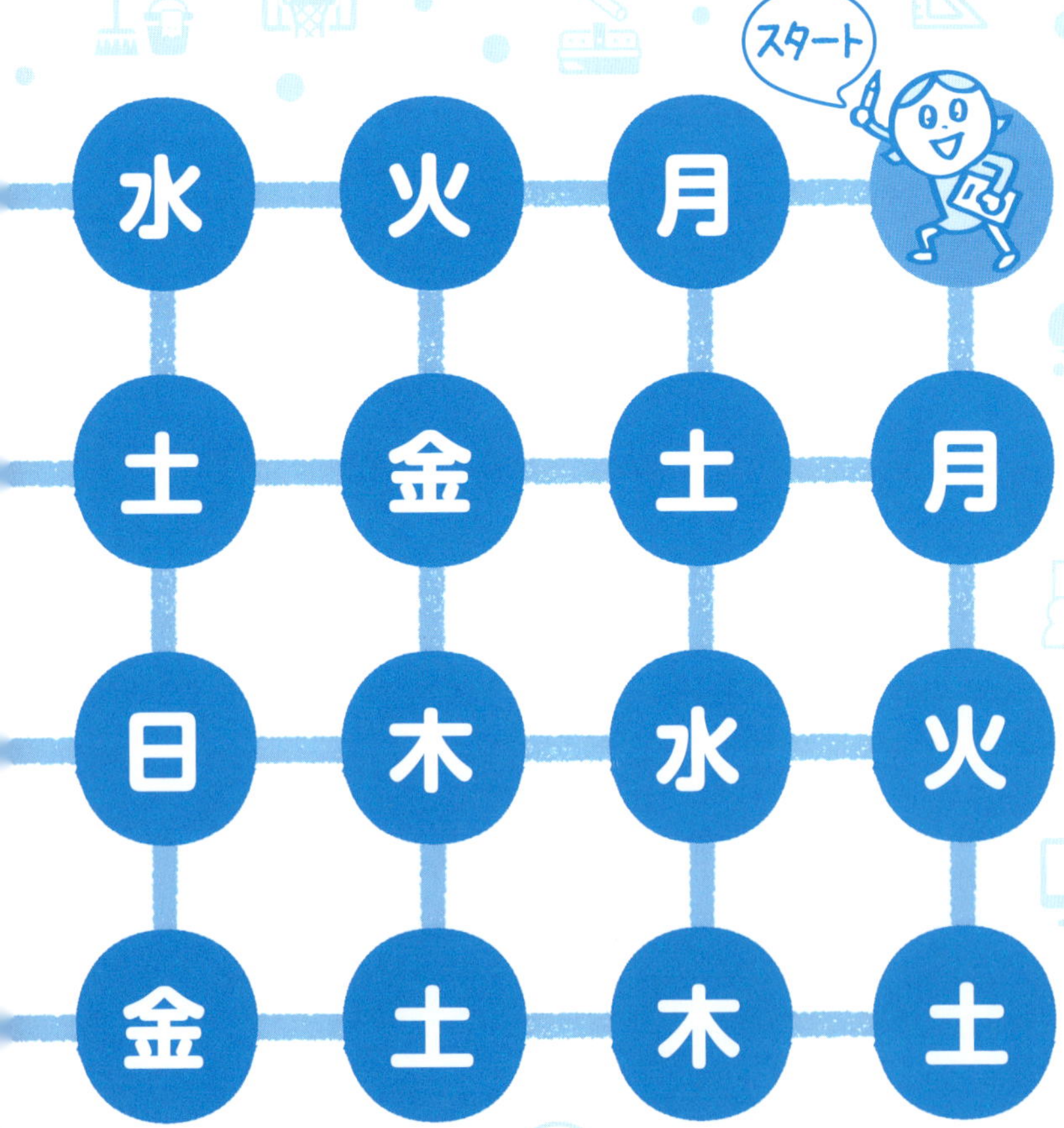

水	火	月	スタート
土	金	土	月
日	木	水	火
金	土	木	土

月	木	水	火
土	金	土	月
土	金	日	日
日	木	月	水
	水	火	金

こたえは317ページ

レベル2 どんどん!なぞなぞ

今日のメニューはなにかな?

340 これはなあに?

341 デザートってなにご?

おまけのこたえ

332▶ひじょうかいだん（ひじ用かいだん）　**333**▶校庭　**334**▶校長（好調）室

338▶画用紙　**339**▶画びょう

342

これはなにをする人たちのことかな？

343

これってなんていうスープ？

96・97ページのこたえ

330▶こうもん（校門・肛門） 331▶はしら（ろうかは、はしらない）
335▶くつ箱、げた箱 336▶ほけん室 337▶屋上（おくじょう）

レベル 2

どんどん！なぞなぞ

お昼休みだよ！全員集合

344 かたむいた場所でやるスポーツってなあに？

346 たまに当たるとざんねんなあそびってなあに？

345 一回だけリンとベルを鳴らして通った乗りものはなあに？

347 ボールをいくつ投げたらかんしゃされるかな？

ボールを集めて、ゴールをめざそう！

343▶ポタージュ（ポター十）スープ

348 箱の形をしているボールってなあに？

349 きれいな音がするゴールってなあに？

350 サッカーの試合をはじめるときに出てくる「おふ」ってなあに？

351 中にミントが入っているスポーツってなあに？

352 フラフラしながらわっかをまわすあそびってなあに？

353 スポーツをするときにみんなで着るホームってなあに？

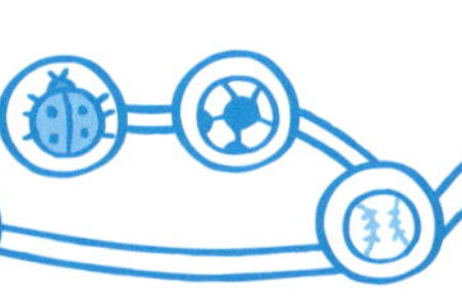
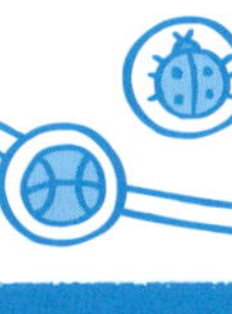

前のページのこたえ 340▶エプロン（円の中に「プロ」） 341▶食後 342▶給食当番

レベル 2 どんどん! なぞなぞ

気持ちいい! プカプカうかぶよ

354 雨もふって いないのに、着るとかならず ぬれてしまう服って?

355 目が悪くなくても みんなが プールでかける めがねってなあに?

356 プールで見られる 「ぶき」ってなあに?

357 シャワーの下に あらわれるビルって なあに?

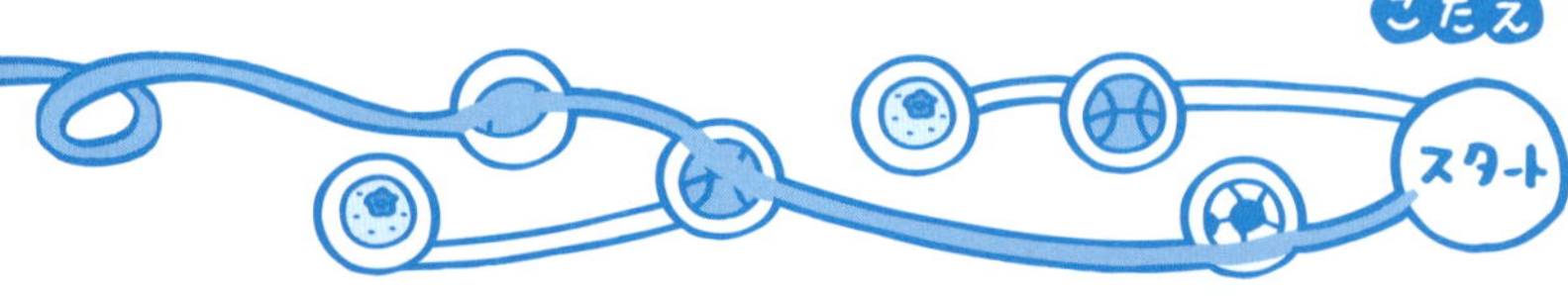

347▶三球(サンキュー)　348▶段ボール　349▶オルゴール
353▶ユニホーム

358
ちょうどいい大きさなのに、みんなが「おる」と言うものって？

359
いどはいどでもプールのまわりにある「いど」ってなあに？

360
いろんな泳ぎかたの中で、とくにたいへんなのはどんな泳ぎかた？

361
フライはフライでも油ではなく水の中に入る「フライ」は？

362
動物とくだものがくっついた泳ぎかたってなあに？

363
息つぎをするときにすいこむ「そそそ」ってなあに？

前のページのこたえ
344 サッカー（坂） 345 一輪（一リン）車 346 ドッジボール
350 キックオフ 351 バドミントン 352 フラフープ

行き先はどこだろう?

364 これって なんのこと?

365 上を見たらおくさん、下を見たらおさない子。これってなあに?

アルファベットのじゅんに進んで、ゴールをめざそう!

358▶タオル　359▶プールサイド　360▶クロール（「苦労」がある）

366

木が五本しかないのに、たくさんはえていると言われる場所は？

367

守ってもらうために持っている「もり」ってなあに？

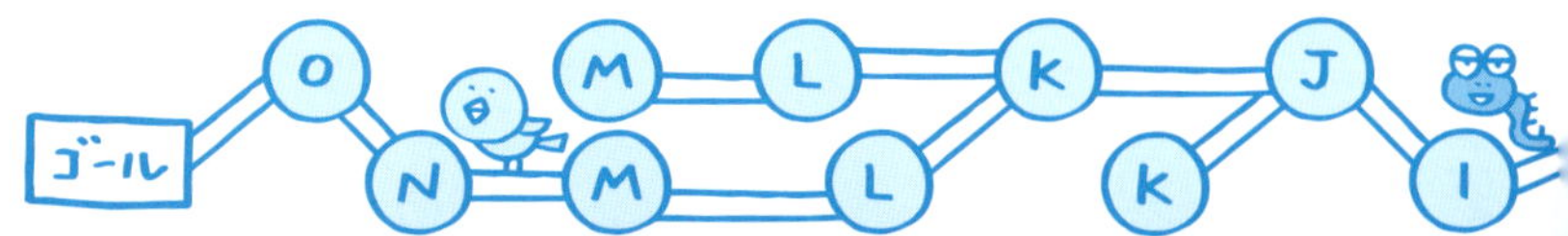

前のページのこたえ

354▶水着　355▶ゴーグル　356▶水しぶき　357▶水をあびる

361▶バタフライ　362▶犬かき　363▶さんそ（三そ）

368

はらはらでも
おへそがなく
草（くさ）がはえている
「はら」ってなあに？

369

ロバはロバでも、人（ひと）が
集（あつ）まることができる
とても広（ひろ）い「ロバ」は？

おまけのこたえ

367▶お守（まも）り

370

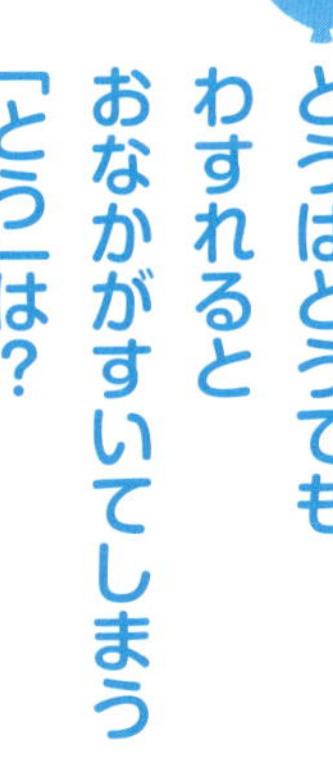

とうはとうでも
わすれると
おなかがすいてしまう
「とう」は？

371

とうはとうでも
わすれると
のどがかわいてしまう
「とう」は？

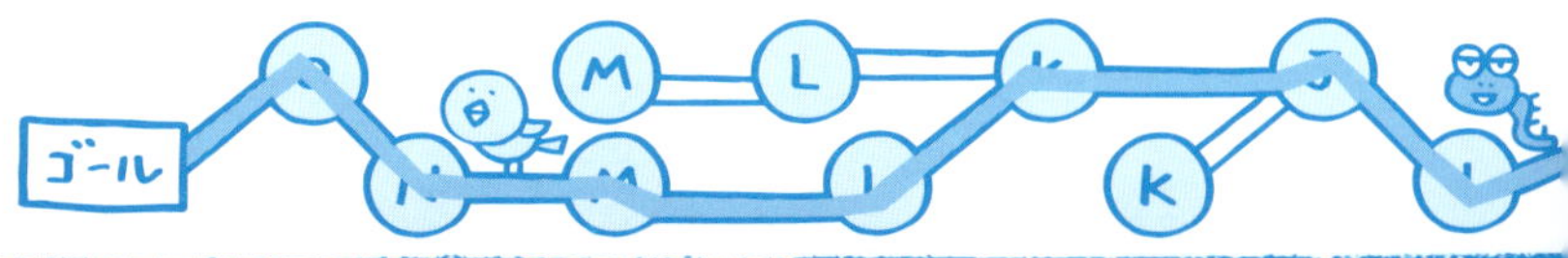

レベル 2
どんどん！なぞなぞ

力を合わせよう！運動会

372 運動会で、みんながうしろに進みたがるきょうぎってなあに？

373 かけ算しながら走るきょうぎってなあに？

374 一位が二人いるきょうぎってなあに？

375 はちまきにくっついている食べものってなあに？

アルファベットのじゅんに進んで、ゴールをめざそう！

371▶すいとう

376 その日にやる行事のないようが書いてある紙はなんグラム？

377 キバを使ってたたかうきょうぎってなあに？

378 アサリとハマグリがさんかした式ってなあに？

379 五勝五敗の人が持っているぬの切れってなあに？

380 引っぱらない調味料ってなあに？

381 三回勝つともらえるスパイスってなあに？

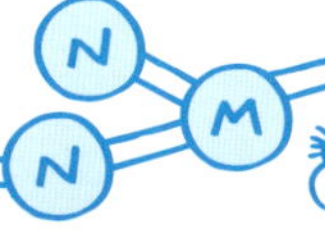
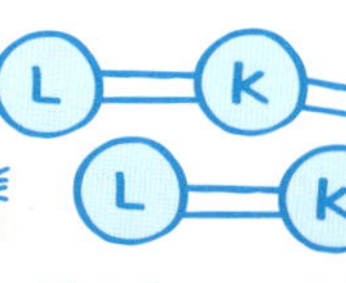
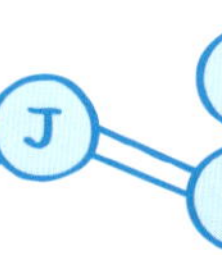

前のページのこたえ 368▶野原、原っぱ 369▶広場 370▶おべんとう

382
タコがゼッケンを
つけたら
なん番になるかな？

383
板に
「ダンスしましょう」と
言われた人は
どうしたかな？

384
運動会で
馬からブタに
わたしたものって
なあに？

385
運動会で使う、
トラがついている
大きなものって
なあに？

386
校庭にある、
ほうきで千回
はきたくなるものって
なあに？

387
一回につき
一人だけ
きれるものって
なあに？

おまけのこたえ

376▶プログラム　377▶きばせん　378▶開会式（貝が二つでカイカイ式）
381▶さんしょう（三勝）

388
きょうそうをしたとき、紙をやぶる音がした人はなん着？

389
わくはわくでもみんなでがんばるのはどんな「わく」？

390
こなをのばすと、運動場にあるものになるよ。これなあに？

391
運動会で大きな円をかいている人はなにをしているのかな？

392
運動会でとびかうのは、「千円」ではなくなんえん？

393
だれからも声をかけられない人のゼッケンはなん番？

前のページのこたえ

372▶つな引き　373▶かけっこ　374▶二人三脚　375▶ちまき
379▶ハンカチ（半分勝つ）　380▶お酢（押す）

レベル2★ どんどん！なぞなぞ

みんなでかなでるハーモニー♪

394 タンとたたくとわれてしまいそうな楽器(がっき)ってなあに？

395 ネットにかすった楽器(がっき)ってなあに？

396 一番上(いちばんうえ)にトラが乗(の)っていて、中(なか)にアンが入(はい)っている楽器(がっき)って？

397 「レレ」という文字(もじ)がちゅうにういているよ。これってどんな楽器(がっき)？

アルファベットのじゅんに進(すす)んで、ゴールをめざそう！

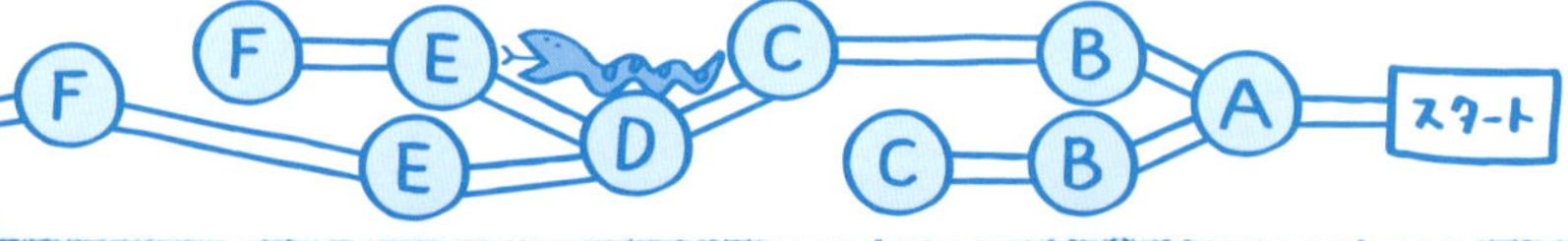

384▶バトン(馬(ば)・豚(とん)) **385**▶トラック **386**▶白線(はくせん)(はく・千(せん)) **387**▶ゴールテープ **391**▶おうえん(大円(おおえん)) **392**▶せいえん **393**▶四番(よばん)(よばん)

398
食べるとからいたいこってなあに？

399
横ならびのたくさんの四角いまどをふくと音がするものってなあに？

400
水を氷にしてしまう音楽ってなあに？

401
しあわせそうな人は笛のふきかたを教えてくれるかな？

402
名前をよぶとかしこそうな楽器ってなあに？

403
木曜日と金曜日に音が鳴る楽器ってなあに？

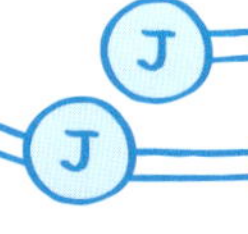

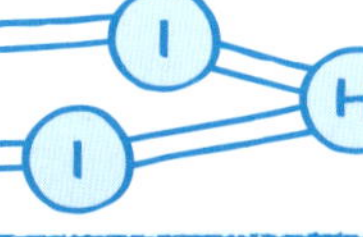

前のページのこたえ
382▶九番（タコにはきゅうばんがある） 383▶おどろいた（おどろう・板）
388▶ビリ 389▶チームワーク 390▶コーナー

404
らっぱはらっぱでも、大きくて
みんなであそべる
「らっぱ」は？

405
生クリームや
フルーツがのっている
おいしいフエって
なあに？

406
おるとガンと
大きな音がする
楽器ってなあに？

407
「レの上、ラの下」って
なんの
調味料のこと？

408
色は色でも、
耳で聞く「色」って
なあに？

409
火の上にしばらくいて、
さいごは高い声で
歌うものってなあに？

おまけのこたえ

397▶ウクレレ　398▶めんたいこ　399▶ハーモニカ
くれる　402▶リコーダー（りこうだ）　403▶もっきん

410 ドラの音がきらいな、風が出るきかいってなあに？

411 ベルはベルでもトレーニングをする人が使う重い「ベル」は？

412 ハチはハチでも竹でつくった楽器の「ハチ」ってなあに？

413 けんばんハーモニカをふいてもふいてもぜんぜん音が出ない。どうして？

414 十回ふってえんそうする楽器ってなあに？

415 えんそうするとき、二回音を鳴らしたのはだれ？

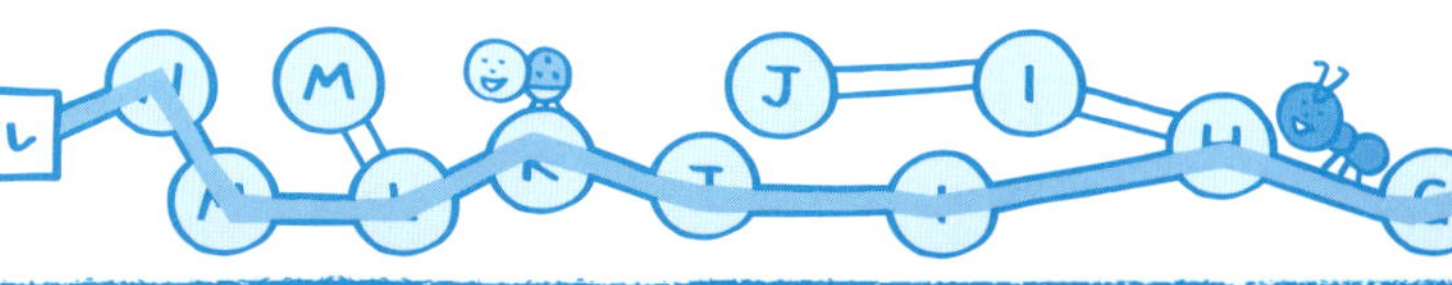

前のページのこたえ
394▶タンバリン　395▶カスタ（かすった）ネット　396▶トライアングル
400▶コーラス（こおらす）　401▶「こうふく（幸福）んだよ」と教えて

レベル 2 どんどん! なぞなぞ

しょうらいのゆめはなあに?

416 カンはカンでも町をパトロールしている「カン」ってなあに?

417 ざせきをとるのがうまい人ってだれ?

418 なにかじけんがあるとれんらくする当番ってなあに?

419 学校の教室にいる先生ってなんにん?

アルファベットのじゅんに進んで、ゴールをめざそう!

(ドレミで「レの上」は「ミ」、「ラの下」は「ソ」) 408▶音色 409▶やかん

413▶ぬのでふいていたから 414▶フルート(ふる十) 415▶弟(おとおと)

420 病院でカンをみがいている人って、どんな人？

421 医者と研究者、車をとめるのがうまいのはどっち？

422 なにも道具を使わないで魚をとる人はどんな色？

423 家をたてるときに使う九番目の道具ってなあに？

424 火事を消すぼうしってなあに？

425 サイはサイでも水をかけられてしまう「サイ」は？

ゴール

前のページのこたえ

404▶原っぱ　405▶フルーツパフェ　406▶オルガン　407▶みそ

410▶ドライヤー（ドラいや）　411▶ダンベル、バーベル　412▶尺八

426
頭にシャチをのせた
えらい人ってだれ？

427
ボウはボウでも
ものをぬすむ
悪い「ボウ」って
なあに？

428
サンはサンでも
交番にいる
「サン」ってなあに？

429
「し」または「い」
と言うのは
どんなお医者さん？

430
かけっこをすると
いつも十番目に
ゴールする人の
しょくぎょうは？

431
どんなしつもんにも
「はい」とこたえる人の
しょくぎょうって？

おまけのこたえ

419▶二人（きょうし・ツー） **420**▶看護師（カン・ごし）
423▶大工（第九）道具 **424**▶消防士 **425**▶火災

432
けいさつかんが乗っているのはパトカー。では、足にはくカーは？

433
かみを切ってくれるウシってなあに？

434
日本のものばかり使う人はどんな仕事をしている？

435
お店の主人じゃないのに店主と言われるのはどんな人？

436
パンはパンでもきょうぎ場にいる「パン」は？

437
チョウはチョウでも電車がとまるところにいる「チョウ」は？

前のページのこたえ
416▶けいさつかん 417▶せきとり 418▶110番
421▶医者（いつも「ちゅうしゃ」をしている） 422▶緑（つかみどり）

絵文字なぞなぞにチャレンジ

438 この絵文字はなあに？

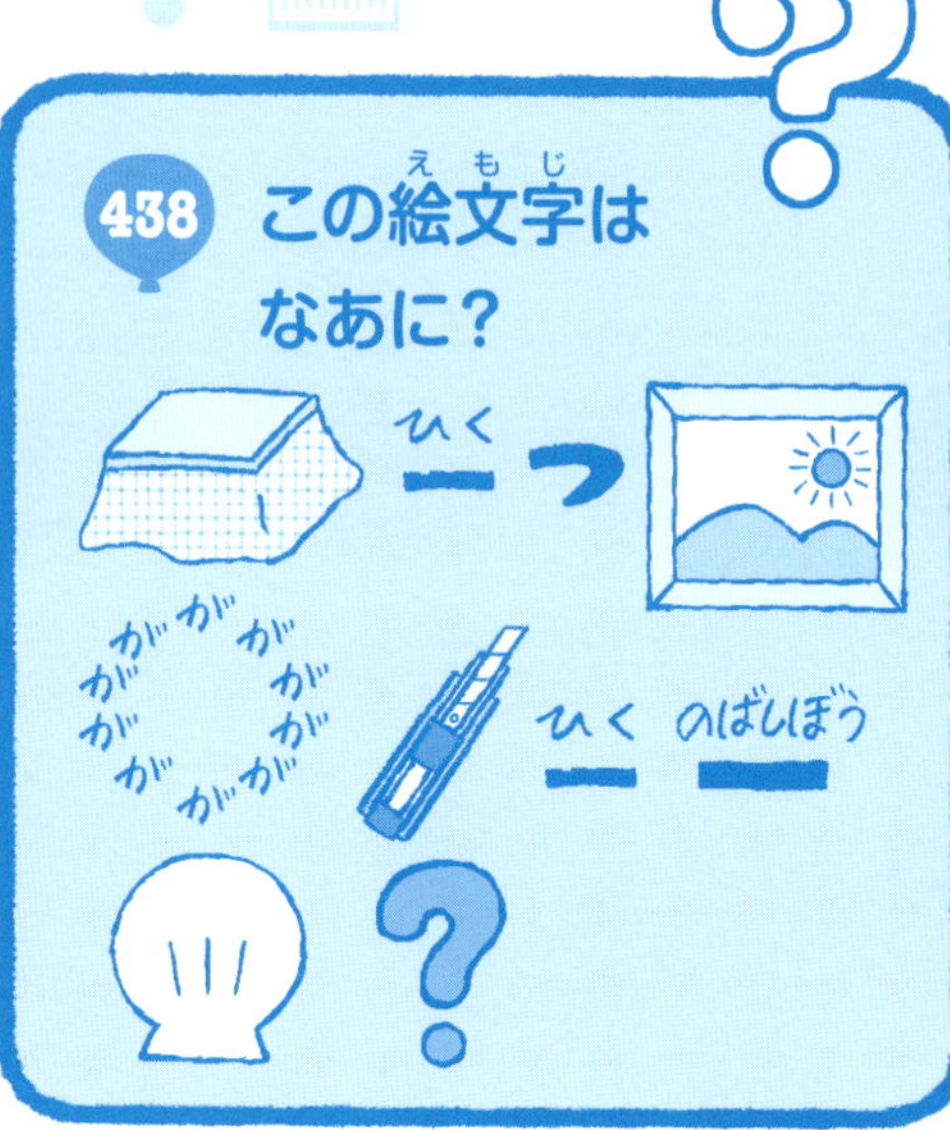

ヒント①
真ん中のだんの一つ目の絵は、「が」が輪になっているね。

ヒント②
友だちになぞなぞを出した子が言った言葉だよ。

429▶歯科医（「し」か「い」） **430**▶獣医 **431**▶はいゆう（「はい」言う）（国産） **435**▶運転手（うんてんしゅ） **436**▶しんぱん **437**▶駅長

439 この絵文字はなあに？

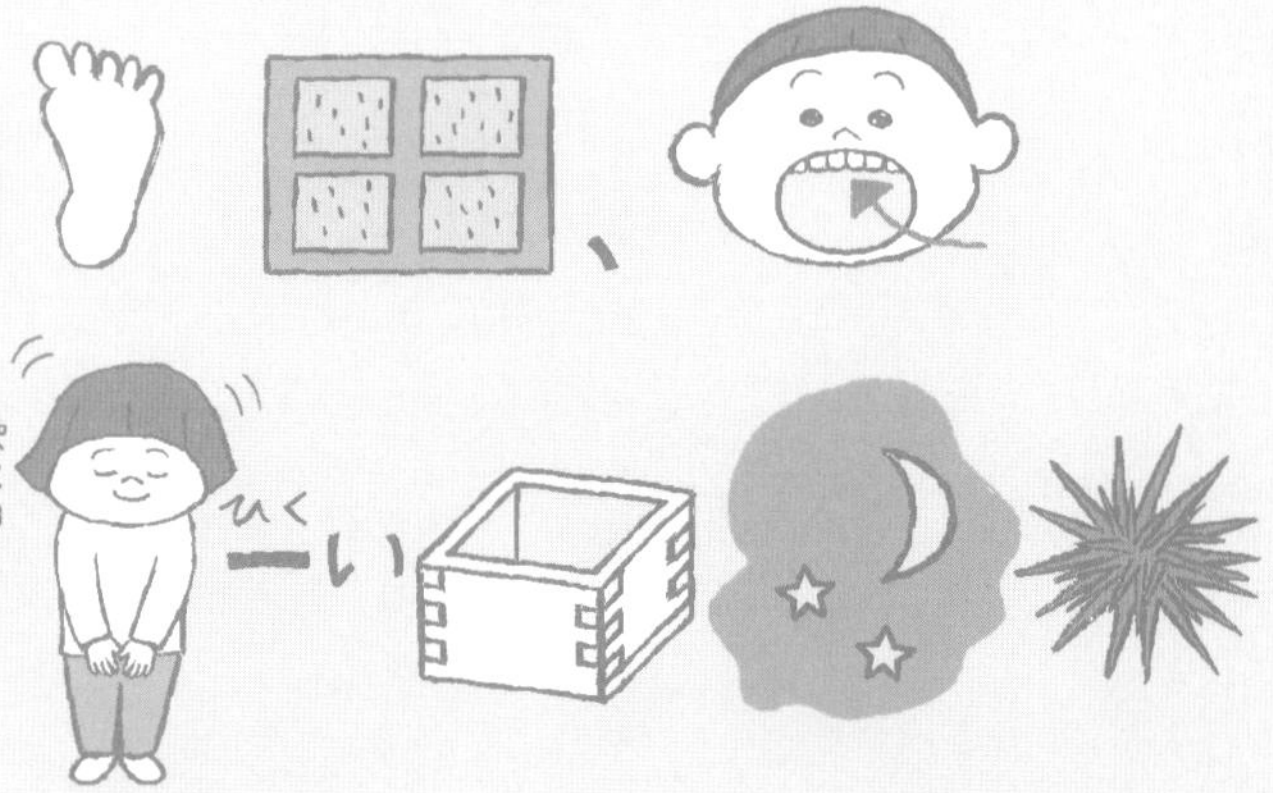

ヒント1

文は、二つ目と三つ目の絵の間で区切ることができるよ。

ヒント2

遠足や運動会の前日などにおねがいすることだよ。

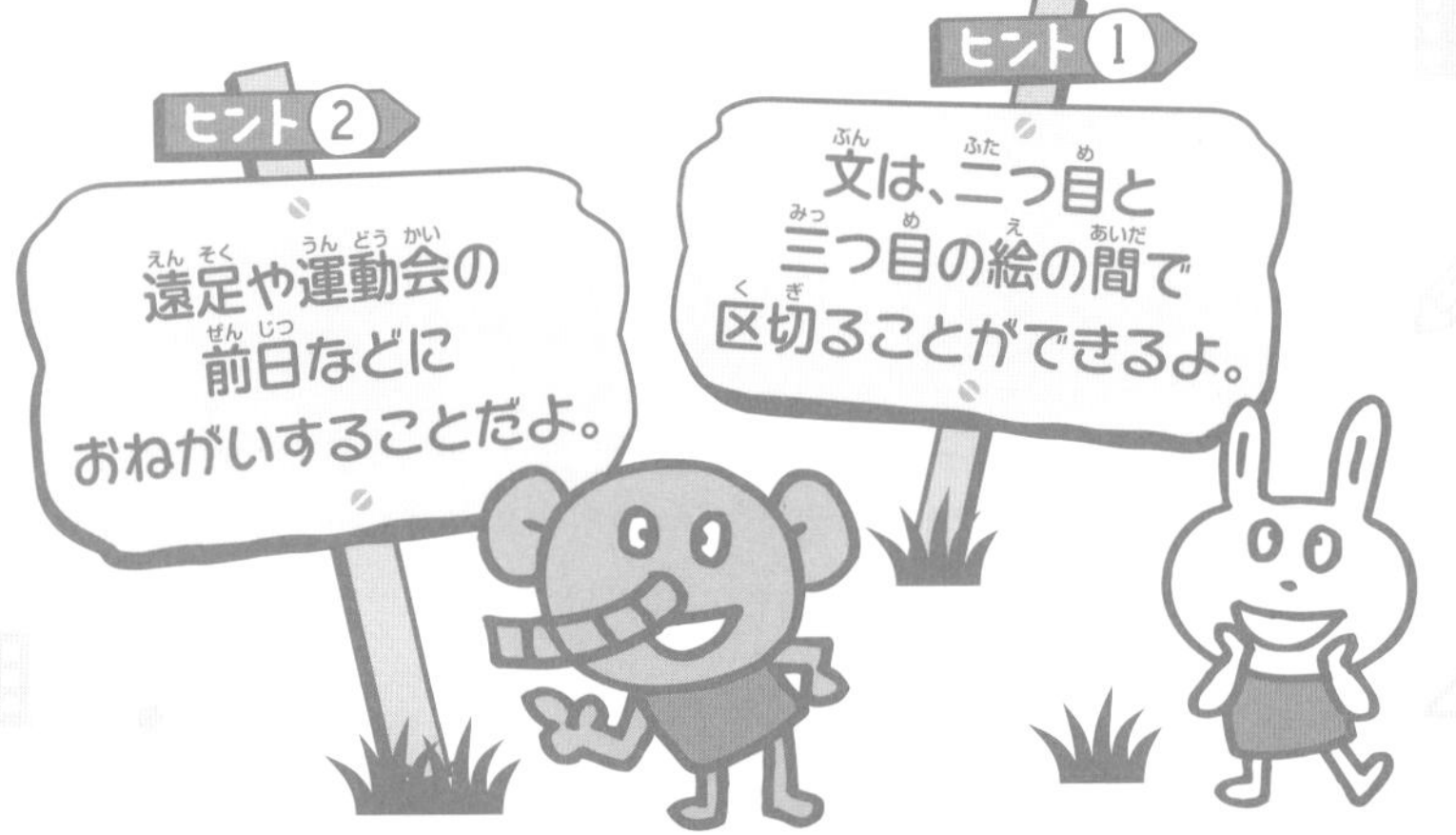

前のページのこたえ

426▶社長（しゃちょう） 427▶どろぼう 428▶おまわりさん
432▶スニーカー 433▶びようし、りようし 434▶コックさん

440 この絵文字はなあに？

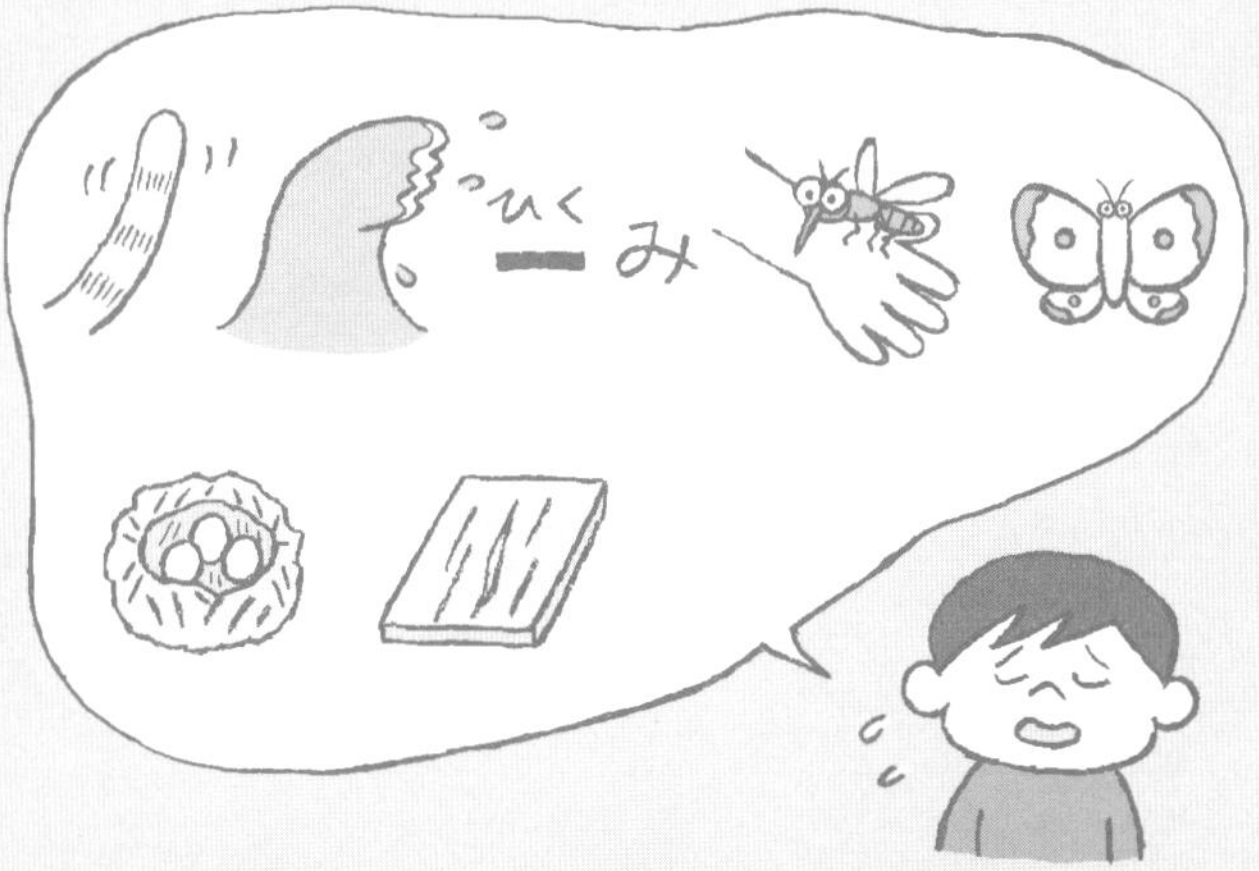

ヒント①

文は、上のだんと下のだんで区切ることができるよ。

ヒント②

ねぼうして、朝ごはんを食べられなかったんだって。

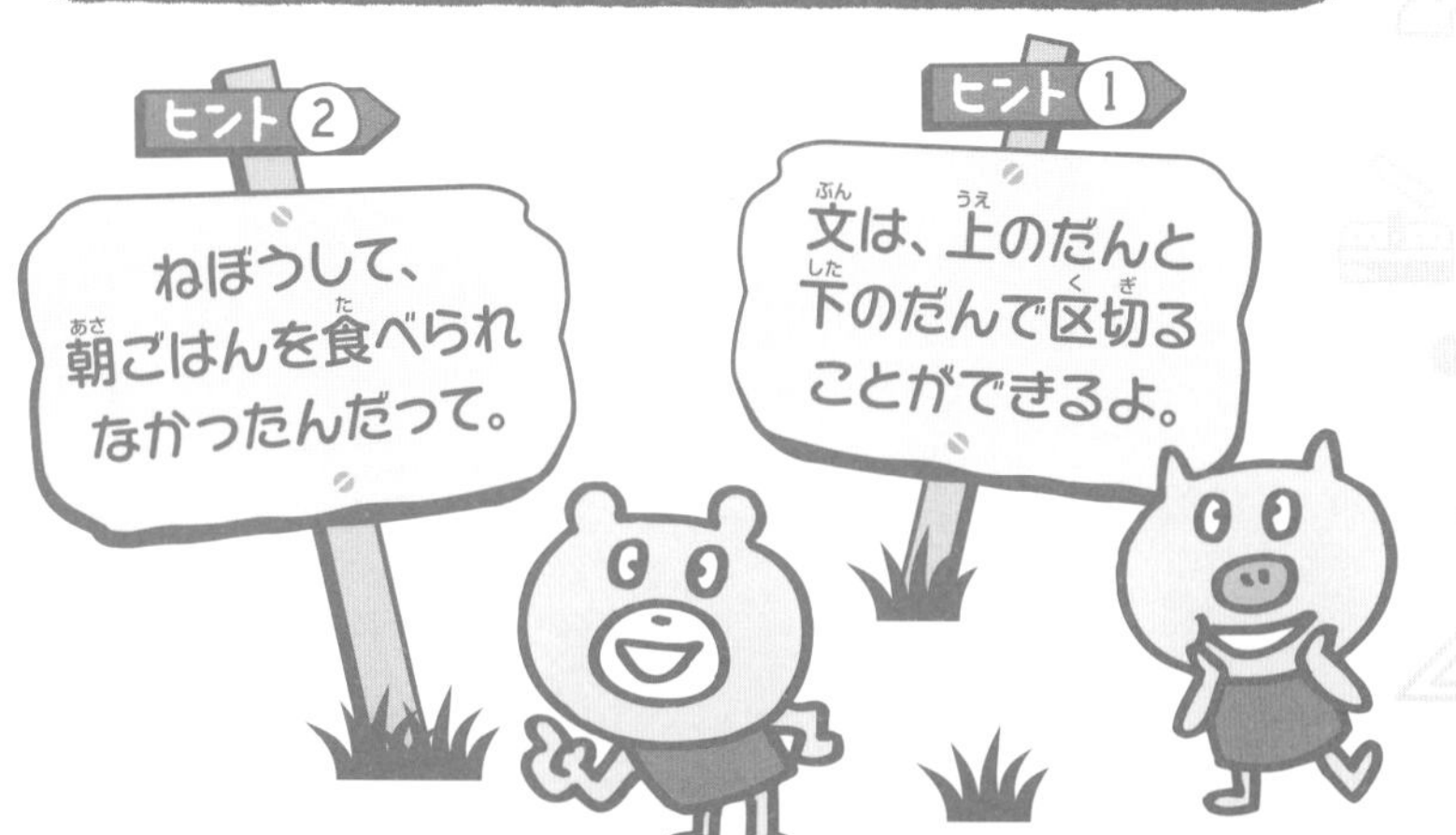

441 この絵文字はなあに？

○ーる　ひく　ーる
しーーじき　ひく

下のだんの一つ目の絵は「い」がしまもようになっているね。

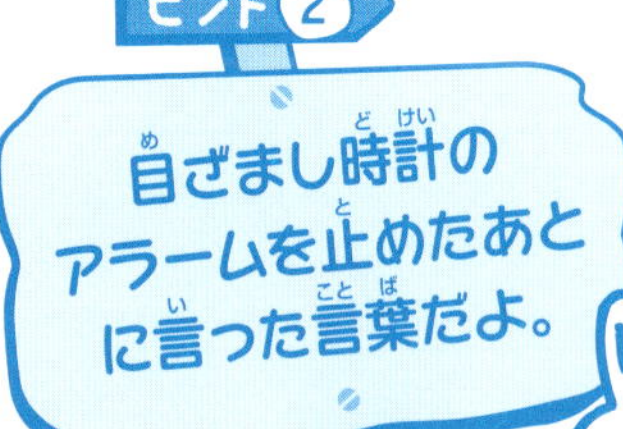

ヒント②
目ざまし時計のアラームを止めたあとに言った言葉だよ。

前のページのこたえ　438▶こたえがわかったかい？　439▶あした、晴れますように

文字をかくして読んでみよう！

442 小さな玉を見つけたよ。
その正体はなにかな？
下の文字をいくつか
指でかくすと
こたえがわかるよ。

だめりんごむしば

443 いつものんびり下校するのに、
今日は走って帰ってきた子がいるよ。
どうしたのかな？
下の文字をいくつか指でかくすと
こたえがわかるよ。

はなやくじといればに〜！

前のページのこたえ　**440**▶おなかがすいた　**441**▶またねてしまいそう

444 二種類のソフトクリームを持って、
どちらから食べるか
まよっている子がいるよ。
このあとどうなったかな？
下の文字をいくつかかくすと
けっかがわかるよ。

どちこらもは
とどけいてしまった

こたえは131ページ

前のページのこたえ
442▶だんごむし（「め」「り」「ば」の三文字をかくす）
443▶はやくといれに〜！（「な」「じ」「ば」の三文字をかくす）

お出かけのなぞなぞ

遊園地に動物園、水族館におばけやしき！
お出かけすると、いろんなものに出会うね。
たくさんのなぞなぞを見つけに行こう♪

おまけのもんだい

きおくもんだいにチャレンジ！

レベル2のなぞなぞの下では、動物たちが列車に乗っているよ。
絵をよーく見て、動物たちのポーズやひょうじょうを覚えてね。
次のページで出される問題を、きおくをたよりにといてみよう！

レベル 1
はじめのなぞなぞ

乗りものに乗って出発進行！

445
天使がかくれている、タイヤが二つの乗りものって？

446
上にロープがある乗りものってなあに？

447
のりはのりでも
船ではたらく
「のり」って
なあに？

448
ゴトン
ゴトンと
走る電車の
重さはどの
くらいかな？

128ページのこたえ
444▶どちらもとけてしまった（「こ」「は」「ど」「い」の四文字をかくす）

みんなでわいわい楽しもう♪

449 ボウ○ これってどんなスポーツかな？

450 家のインターホンににているスポーツってなあに？

カンタンにゃー

448▶十トン（五トン＋五トン＝十トン）

451

つえをついているおじいさんは強い？　弱い？

452

こおった「ホッケ」という魚を使うスポーツってなあに？

前のページのこたえ　445▶自転車（じてんしゃ）　446▶ロープウェー（上）　447▶船乗り

レベル 1 はじめのなぞなぞ

フレー！ 力いっぱい おうえんだ

453

十回やりたくなるスポーツってなあに？

454

見ていると住みたくなるスポーツってなあに？

451▶強い（つえー）　**452**▶アイスホッケー

455

サクランボを見つけたときにやるスポーツってなあに？

456

選手が出すと、おどろいたり喜んだりする「ろく」って？

前のページのこたえ　449▶ボウリング（〇＝リング）　450▶卓球（ピンポン）

レベル2
どんどん！なぞなぞ

ルンルン♪今日はどこへ行く？

457 どんなに急いでいても、少しずつしかおりられないものってなあに？

458 イロはイロでもどこに行くのかまよってしまう「イロ」ってなあに？

下の絵をよーく見てね！

456▶新きろく

459

ようじは行列にならんでもおぎょうぎがいいのはどうして？

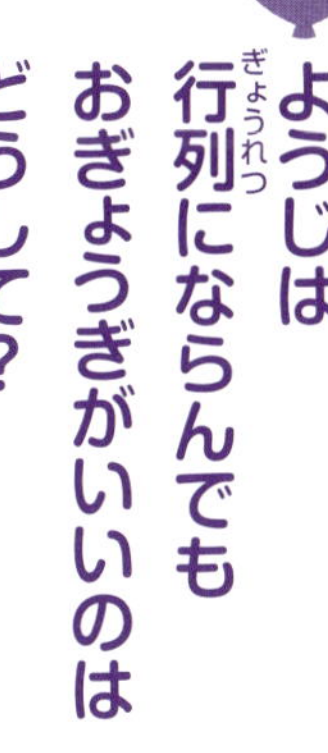

460

シミはシミでも、あるとうれしい「シミ」は？

前のページのこたえ　453▶柔道（十度）　454▶すもう　455▶アーチェリー（あっ、チェリー）

461

特急に虫がとまったら、スピードがはやくなった。どんな虫がとまったのかな？

462

おけの中に「でか」を入れたらなにになる？

前のページで手をあげていたのはだあれ？

460▶楽しみ

463

くしはくしでも道で拾う「くし」ってなあに？

464

列車が山をこえるときにブタがねていたのはどこ？

前のページのこたえ　457▶かんらん車　458▶めいろ　459▶幼い（押さない）から

レベル2 どんどん!なぞなぞ

動物たちが集まってきた!

465 ナマケモノと赤ちゃんがたたかったらどっちが勝った?

466 シカはどんな形のエサを食べる?

467 ライオンのオスや馬が持っている手紙ってなあに?

468 サイがつえを飲みこんだら、なにをはじめた?

464▶トンネル(豚・ねる)

469
ふくろがついている鳥ってなあに？

470
頭にモモがのっている動物ってなあに？

471
家を追い出すと花になる動物ってなあに？

472
鼻の長い動物が使うそうじ道具ってなあに？

473
たくさんの動物がいるところはなんえん？

474
石の真ん中に「のし」をはった動物ってなあに？

前のページのこたえ
461▶チョウ（超特急になった） 462▶おでかけ 463▶タクシー

475

「バババババババババ」ってどんな動物？

476

トカゲのなかまのアナってなあに？

477

頭の羽根がぬけちゃったらしい鳥ってなあに？

478

いつもいなくて、野球がへたなサルってなあに？

479

火事やじしんなどにそなえてじゅんびするサイってなあに？

480

トラとブルドッグを一つのおりに入れているとどうなる？

下の絵をよーく見てね！

467▶たてがみ　468▶さつえい　469▶フクロウ　470▶モモンガ
473▶動物園　474▶イノシシ

481 トキはトキでもどんな鳥よりはやくとぶ「トキ」ってなあに？

482 いつも楽をしている動物ってなあに？

483 すぐに足をすべらせる鳥ってなあに？

484 川でウソをついたらあらわれる動物って？

485 さいふの中にかくれている動物ってなあに？

486 すぐにいなくなってしまう動物ってなあに？

前のページのこたえ

465▶赤ちゃん（あかちゃん、ナマケモノ） 466▶四角（シカ食う）

471▶ハイエナ（「イエ」を出すと「ハナ」） 472▶ぞうきん

レベル2
どんどん！なぞなぞ

水の中や近くに住んでいるのは…

487 「ゴン」という音が十回したらあらわれた海の生きものって？

488 五つのあなの中に住んでいる魚ってなあに？

489 家をさかさにしたらあらわれた生きものってなあに？

490 みそしるの中に入っているカメってなあに？

前のページで頭に葉っぱをのせていたのはだあれ？

478▶オランウータン（おらん、打たん）　479▶防災　480▶トラブルになる
484▶カワウソ　485▶サイ　486▶サル（去る）

491
頭にカモがとまっていて、おしりにハシがある動物ってなあに？

492
ワシはワシでも、海を泳ぐ「ワシ」ってなあに？

493
空から落ちてくる小さなサメってなあに？

494
体にあざのようなものができている動物ってなあに？

495
にても、焼いてもなまだと言われるひげのある魚ってなあに？

496
心の中でふくらんだりしぼんだりするタイってなあに？

前のページのこたえ
475▶バク（バ九） 476▶イグアナ 477▶ハゲタカ（はげたか？）
481▶ジェット機 482▶ラクダ（楽だ） 483▶ツル

497
ねぼうしそうな人を見つけるとあらわれる魚ってなあに？

498
海にいる「ウウ」ってどんな生きもの？

499
口に入れると、あまさやからさを感じる魚ってなあに？

500
金曜日におどろく魚ってなあに？

501
四つのしみがある生きものってなあに？

502
魚の中でなによりもまずドジなのはなあに？

490▶ワカメ　**491**▶カモノハシ　**492**▶イワシ　**493**▶小雨（小・サメ）

503
けさ、ひっくり返った魚ってなあに？

504
魚の体に「う」はいくつついているかな？

505
いつもわなをはっている魚ってなあに？

506
毛が二本だけはえているカニってなあに？

507
魚が持っている「おび」ってなあに？

508
かばんの中に入っている生きものってなあに？

前のページのこたえ
487▶ジュゴン（十ゴン）　488▶アナゴ（あな五）　489▶エイ
494▶アザラシ（あざらしい）　495▶ナマズ　496▶期待

レベル 2

どんどん！なぞなぞ

この生きものたち なーんだ？

509 カメはカメでも
ひょっとこと
なかがいい
「カメ」ってなあに？

510 カメがせおっている
飲みものってなあに？

511 川や池を走る
黒い乗りものって
なあに？

512 魚とそれを
見る人がたくさんいる
区間ってなあに？

下の絵をよーく見てね！

（金・ギョ！）　**501**▶シジミ（四・ジミ）　**502**▶ドジョウ
505▶イワナ　**506**▶ケガニ（毛が2）　**507**▶尾びれ　**508**▶カバ

513
オリンピックにかならず登場するあついイカってなあに？

514
車をとめておく海の生きものってなあに？

515
お母さんはケロケロ、お父さんはゲロゲロと鳴くカエル。子どもはどう鳴く？

516
海にいて、おなかの上で料理をしている子ってどんな子？

517
手を見せても足だと思ってしまう動物ってなあに？

518
船に乗るとよってしまう魚ってなあに？

前のページのこたえ
497▶オコゼ（起こせ） 498▶ウニ（ウ2） 499▶アジ 500▶金魚
503▶サケ（「けさ」がひっくり返ったら「さけ」） 504▶六こ（うろこ）

こわーい! おばけやようかい

519 昔話(むかしばなし)にも出(で)てくるこれってなあに?

520 この首(くび)の長(なが)いようかいはなあに?

前(まえ)のページでゾウのうしろにいたのはだあれ?

512▶水族館(すいぞくかん)　513▶聖火(せいか)　514▶シャコ(車庫(しゃこ))
517▶アシカ(足(あし)か?)　518▶フナ(フナよい)

521

てんぐがひっくり返ったらなるものってなあに？

522

「0」って言うこわいものってなあに？

前のページのこたえ
509▶おかめ　510▶コーラ（こうら）　511▶ブラックバス
515▶オタマジャクシだから鳴かない　516▶ラッコ

レベル2 どんどん！なぞなぞ

ゾクゾク…おばけやしき

523 おばけやしきがこわくてにげだしちゃう虫（むし）って？

524 おにがつくる食（た）べものってなあに？

525 「あの世（よ）」ってなにご？

526 れいはれいでもあれやれ、これやれと指図（さしず）する「れい」ってなあに？

522▶ゆうれい（言（い）う「0（れい）」）

527
うらにある食堂を教えてくれるゆうれいのせりふって？

528
おばけやしきで悲鳴をあげているおばあさんってどんな人？

529
雨の日になるとあらわれるようかいってなあに？

530
目や鼻や口はないけど顔がある「ぼう」ってなあに？

531
夜空に開くのは花火、死んだ人が生き返って歩くのはなにび？

532
うしろから追ってくるのろいの人形のスピードは、はやい？　おそい？

前のページのこたえ　519▶おに（お二）　520▶ろくろ首　521▶軍手

レベル2 どんどん！なぞなぞ

はくりょくまんてん！映画館

533 ゾウはゾウでもスクリーンの上にあらわれる「ゾウ」って？

534 つくりかえるときにあらわれる「ゾウ」ってなあに？

535 ねむっているときにだけあらわれる「ゾウ」ってなあに？

536 頭の中で思いうかべるときにあらわれる「ゾウ」ってなあに？

下の絵をよーく見てね！

527▶「うらめしや〜」 528▶ひいおばあさん 529▶カッパ（雨ガッパ）

537 からの中に目が入っている道具ってなあに？

538 映画に使う、まわりにしおがついた「ナリ」ってなあに？

539 トウモロコシがはじけると、映画館で食べるものになるよ。これってなあに？

540 映画館にあるいせきってなあに？

541 映画を見ているとよく登場する通りってなあに？

542 見ているとくしゃみをしたくなる映画ってなあに？

前のページのこたえ
523 ▶弱虫 **524** ▶おにぎり **525** ▶死後 **526** ▶命令、指令
530 ▶のっぺらぼう **531** ▶ゾンビ **532** ▶おそい（のろい）

レベル2 どんどん！なぞなぞ

なぞがいっぱい！わくわく博物館

543 てんじ室にあるゆうしょうが決まりそうなものってなあに？

544 ツボはツボでも草や木についている「ツボ」ってなあに？

545 きのうとあしたの間にいるリュウってなあに？

546 土の中から二つ発見したら、むねが高鳴るものってなあに？

前のページで歌っていたのはだあれ？

537▶カメラ　538▶シナリオ（「ナリ」のまわりに「シ」「オ」がついている）
542▶アクション（ハクション）映画

547
庭は庭でも
大昔のおはかから
ほり出した「庭」は？

548
大昔の海にいた
ナイトってなあに？

549
なにかのかわりに
かざってある石って
なあに？

550
せきはせきでも
大昔の生きものが
とじこめられている
かたい「せき」って？

551
うちゅうから
とんできた
「せき」ってなあに？

552
きらきら美しい
「せき」ってなあに？

前のページのこたえ
533▶えいぞう　534▶かいぞう　535▶ねぞう　536▶そうぞう
539▶ポップコーン　540▶指定席　541▶ストーリー

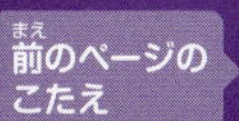

レベル2 どんどん！なぞなぞ

トリじゃないトリ大集合！

553 トリはトリでも、自分のすがたをかがみで見てうれしそうな「トリ」は？

554 いつもゆったりとして落ち着いている「トリ」は？

555 自分がむねをはれるいい「トリ」ってなあに？

「長所」と同じような意味の言葉だよ。

556 三人組の「トリ」ってなあに？

546▶土器（二つでドキドキ） 547▶はにわ 548▶アンモナイト

552▶ほうせき

557 くるくる うずをまいていて 火をつける 「トリ」は？

558 げいじゅつかなどが 作業する「トリ」って どこかな？

559 しずかなところで、 ものを落とした 「トリ」は？

560 てきのこうげきを ふせぐためにたてる 「トリ」って？

561 とてもていねいに 教えてくれる 「トリ」は？

562 なぞなぞのこたえが せいかいだった ときにあらわれる 「トリ」は？

前のページのこたえ

543▶結晶（決勝） 544▶つぼみ 545▶きょう（今日）りゅう

549▶大理（代理）石 550▶化石 551▶いんせき

レベル 2 どんどん！なぞなぞ

ふしぎがいっぱいどきどき美術館

563 てんらん会の真ん中にかざってある花ってなあに？

564 美術館にある「上の下」ってなあに？

565 絵をかくための「バス」ってなあに？

566 絵かきが見つけた二しゅるいのこん虫ってなあに？

下の絵をよーく見てね！

556▶トリオ　557▶かとりせんこう　558▶アトリエ　559▶コトリ

567
イラストは
はじめにかいた？
それとも
さいごにかいた？

568
科学にも
音楽にもあるけど
美術館で使うものって
なあに？

569
水曜日になると
「自分がかく」と
男の子が
はりきっちゃう絵って？

570
さんぽをすると、
予定の三歩より
二歩多く歩く
画家ってだあれ？

571
着物は着物でも
土をやいてつくった
着物ってなあに？

572
チョウだけ色を
こくしてかく人が
つくるのは
どんな作品？

こたえは164・165ページ

前のページのこたえ
553▶うっとり　554▶おっとり、ゆとり　555▶とりえ
560▶とりで　561▶手取り足取り　562▶そのと～り

言葉のまちがいさがし

同じ言葉がたくさんある中に、
ちがう言葉が三つまぎれているよ。
さがしだせるかな？

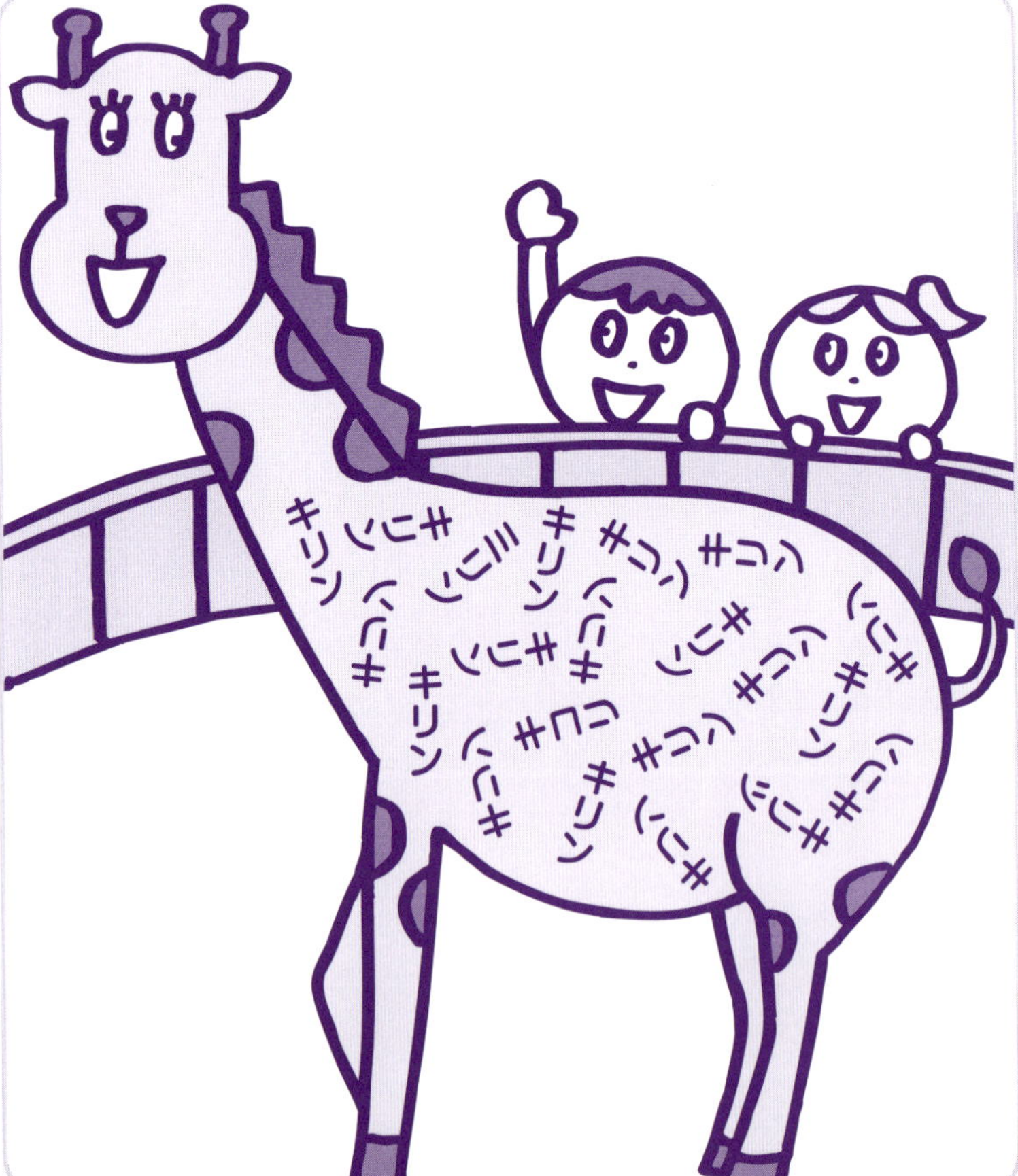

こたえは318ページ

レベル2 どんどん!なぞなぞ

かっこいい…! ステージに感動

573 魚をかっている入れもので えんそうしているのは どんな人たち?

574 空中ブランコを やっている人が ぜったいに しないことって?

575 タイはタイでも お客さんを 楽しませてくれる 「タイ」は?

576 いつもくしを 持っている、えんぎを する人って?

161ページでしっぽをふっていたのはだあれ?

565▶キャンバス　566▶ガとカ（絵かき＝画家）　567▶さいご（イ・ラスト）
570▶ゴッホ（五歩）　571▶やきもの　572▶彫刻

577
まくの真ん中に
いついたものって
なあに？

578
照明の中にある
木ってなんの木？

579
ぶきはぶきでも、
歌っておどる
日本の「ぶき」って
なあに？

580
中にいどのある、
人気者ってなあに？

581
ステージでおどる、
高さがちがう人たちって
だあれ？

582
花のつぼみを
さかせる
すごい人たちって
だあれ？

160・161ページのこたえ
563▶ラン　564▶絵（「うえ」という二文字の下は「え」）
568▶額（か・がく、おん・がく）　569▶すいぼくが（水・「ぼくが！」）

レベル 2

どんどん！なぞなぞ

たくさんの本、読めるかな!?

583 こんぶが さかだちすると できる本ってなあに？

584 自転車に のせてある 本ってなあに？

585 中にイドも ドブもある 本ってなあに？

586 本の中で、 おすのにおいが するのは どんな本？

おまけのこたえ

575▶ぶたい　576▶役者（やくしゃ）　577▶マイク（「まく」の真ん中に

581▶ダンサー（段差）　582▶サーカス団（花をさかす）

587
ほんはほんでも
耳のあなに入れる
「ほん」ってなあに？

588
声がよく
聞こえるようになる
「ほん」ってなあに？

589
読んでいると
明るくなったり
暗くなったりするのは
どんな本？

590
本の一番はじめにいる
二種類の動物って
なあに？

591
すずとかねが
鳴ったらあらわれた
元アメリカ
大とうりょうって？

592
かねを
鳴らそうとしても
鳴らせない
えらい人ってだあれ？

前のページのこたえ
573▶吹奏（水そう）楽団　574▶話（放したら落ちてしまう）
「い」がついた）　578▶ウメ　579▶かぶき　580▶アイドル

おもしろそうなこの本なあに？

593 とびらみたいな子どものための本ってなあに？

594 本を読むとふえるこれってなあに？

下の絵をよーく見てね！

586▶すいり（酢入り）小説　587▶イヤホン　588▶メガホン
591▶リンカーン　592▶ノーベル（NO・ベル）

大きな字で書かれている小説ってなあに？

596

今日かしてくれる本ってなあに？

前のページのこたえ

583▶文庫（ぶんこ）本　584▶じてん　585▶ガイドブック

589▶伝記（電気）　590▶ヒョウとウシ（表紙）

プラネタリウムでうちゅうへ！

597
暗いときほど
よく見える
川ってなあに？

598
うちゅうにいる
ガってなあに？

599
料理に使う
「☆☆」って
どんな材料かな？

600
他人のものを
使いたがる星って
なあに？

前のページでカバの前にいたのはだあれ？

595▶時代（字・大）小説　**596**▶教科書（今日かそう）

601
つみきを
みなかったら、
なにになる?

602
二人がくっついて
見上げたものって
なあに?

603
わたしたちがくらす
九ってなあに?

604
とってもくさい
星ってなあに?

605
きょうはきょうでも
星をよく見るための
「きょう」ってなあに?

606
「れ」という名前の
星があるよ。
これなあに?

前のページのこたえ　593▶童話(ドア)　594▶ちしき(7がさかさで「ちし」・木)

レベル2
どんどん！なぞなぞ

いろいろあるよ！これって○○ざ？

607 足を折りまげると出てくるのはなにざ？

608 丸くてサラミやトマトがのっているのはなにざ？

609 ノコギリの歯の形はなにざ？

610 お金をあずけるところはなにざ？

600▶火星（かせー）　601▶月（つみきの「み」がない）　602▶天（二＋人＝天）
605▶ぼうえんきょう　606▶流れ星（名が「れ」星）

611
しょう油やラー油をつけて食べたくなるものはなにざ？

612
冬に高熱を出してねこんでしまうのはなにざ？

613
強くぶつけたあとに体にできるのはなにざ？

614
がくの中でほほえんでいる女の人はなにざ？

615
自分に自信があって、かっこつけている人はなにざ？

616
ものや像などをのせておく大きな「ざ」って？

前のページのこたえ
597▶天の川　598▶銀河　599▶にぼし（二・星）
603▶地球（ち九）　604▶木星（も～くせい）

レベル 2 ★ どんどん！なぞなぞ

ぼく、わたしの歌をきいて！

617 カラオケ大会で曲をしょうかいするのはどんなカイ？

618 月曜日の次の日に聞く曲ってなあに？

619 歌のタネを見つけるとしてしまうことって？

620 大きな音が聞こえてくる車ってなあに？

下の絵をよーく見てね！

611▶ぎょうざ　612▶インフルエンザ　613▶あざ　614▶モナリザ

621
「かぜ薬～胃薬～
ついでにぬり薬も
売ってます～♪」
これはなんてきょく？

622
「バラエティ～ドラマに
ニュース～天気よほうも
流してる～♪」
これはなんてきょく？

623
「北のはて～
シロクマいる～
流氷も海もある～♪」
これはなんてきょく？

624
「お手紙出すよ～
はがきも切手も売ってる～
貯金もできるよ～♪」
これはなんてきょく？

625
「かしに合わせて～
音楽つくる～♪」
これはなんてきょく？

626
「さいしゅうてきに
という意味～♪」
これは
なんてきょく？

前のページのこたえ
607▶ひざ　608▶ピザ　609▶ギザギザ　610▶口座
615▶キザ　616▶台座（大・ざ）

レベル2
どんどん!なぞなぞ

いっぱいさいたよ!きれいなお花畑

627 「ほっぺがいたい」という花ってなあに?

628 梅雨のころにさく、半分は魚、半分は動物の花ってなあに?

629 耳をすましている花ってなあに?

630 上におしろがたっている花ってなあに?

前のページでねむっていたのはだあれ?

620▶スピーカー　621▶薬局　622▶テレビ局　623▶ほっきょく

631
ふるさとに帰りたくなる花ってなあに?

632
自分もすきだけど、お姉さんもすきだと言っている花ってなあに?

633
ひんやりとつめたそうな花ってなあに?

634
リスたちにお花を配ったら、あまってしまったよ。これはどんな花?

635
月を見上げていそうな花ってなあに?

636
中華料理を食べているときにつかむ花ってなあに?

前のページのこたえ
617▶司会 618▶歌謡(火曜)曲 619▶うたたね
624▶ゆうびん局 625▶作曲 626▶けっきょく

レベル 2 どんどん！なぞなぞ

ぼくじょうでの～んびり♪

637 これなあに？

638 これってどんなトリ？

おまけのこたえ

629▶キク（聞く） **630**▶オシロイバナ **631**▶キキョウ（帰郷）
635▶ツキミソウ（月、見そう） **636**▶レンゲ

639

牛小屋に牛はなん頭入る？

640

顔にいる二ひきのブタってなあに？

前のページのこたえ

627▶ホオズキ（ほおがズキッ！） 628▶アジサイ（「アジ」と「サイ」）
632▶アネモネ（姉もね） 633▶ヒヤシンス 634▶アマリリス

レベル2
どんどん！なぞなぞ

ぼくじょうで見つけたのは…

641 頭の上にのせるのはどんな牛？

642 ふつうに読むと木の実、ぎゃくから読むと飲みもの、これなあに？

643 「カン」を見つけるのがとくいな動物ってなあに？

644 キバはキバでも牛や馬がいる「キバ」は？

下の絵をよーく見てね！

639▶二頭（二頭でギュウギュウ＝牛牛）　640▶まぶた

645
なにかあると集まってくる馬ってなあに？

646
お店で品物をつつむウシってなあに？

647
ウシがいなくなるとママになる動物ってなあに？

648
ぼくじょうにあるもので、かわらにもざしきわらしにもあるものってなあに？

649
せいふくにはいないけど部屋着にはかくれている動物ってなあに？

650
押し花にはしないけど押し花にかくれている植物ってなあに？

前のページのこたえ
637▶ポニー（ポ2）のさんぽ（3ポ）　638▶ニワトリ（二輪トリ）

これってなあに？乗りものなぞなぞ

651

これって
どんな人？

652

これってなあに？

前のページでクマの前にいたのはだあれ？

644▶まきば　**645**▶やじうま　**646**▶ほうそう紙
648▶わら　**649**▶ヤギ　**650**▶しば

653

これってどんな駅？

654

二本のレールを通りすぎたら一本になるものってなあに？

前のページのこたえ

641▶ぼうし　**642**▶クルミ　**643**▶カンガルー（カンがあるー！）
647▶シマウマ（「シマウマ」の「ウ」「シ」がなくなると「ママ」）

レベル 2 どんどん!なぞなぞ

旅で出会ったふしぎ!?なぞなぞ

655 リュックサックとハンドバッグ、中に植物が入っているのはどっち?

656 駅でお金を出して買ったのに、すぐに取られてしまうものって?

657 のりを売っているのはどんな駅?

658 ぜったいに電車に乗りおくれる心配がないのはだあれ?

653▶終点 654▶ファスナー

659 「バイバイバイバイバイバイバイバイ」ってどんな乗りもの？

660 タクシーに乗ったら「自分」という意味になる文字ってなあに？

661 ダイヤをみがくとなにになる？

662 バスの中でやるパーティーってなあに？

663 トリはトリでも旅に出る「トリ」ってなあに？

664 どんなに回ってもぬれるだけで前に進まない車ってなあに？

前のページのこたえ　651▶船長（1000・チョウ）　652▶車（「クマ」の真ん中に「ル」がある）

レベル3 ウルトラ！なぞなぞ

あるなしクイズ

「ある」の言葉と「なし」の言葉を見くらべて、クイズにこたえよう。

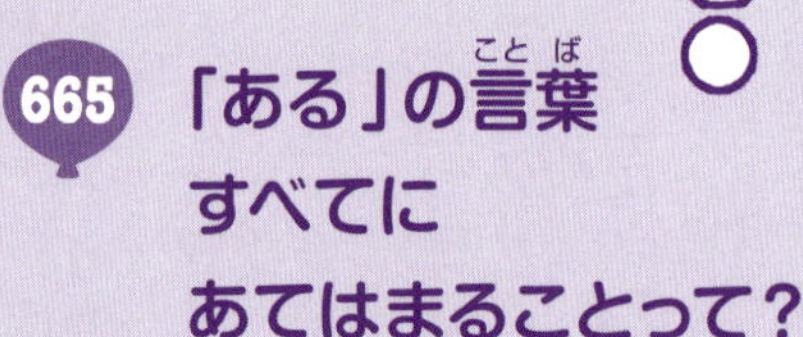

665 「ある」の言葉すべてにあてはまることって？

ある	ふくろう、しろあと、あかちゃん、つかみどり
なし	みみずく、おほり、おばあちゃん、よこどり

ヒント1
「ある」の言葉にはなにかがかくれているよ。

ヒント2
目で見てわかるものだよ。

658▶その電車の運転手　659▶バイク（バイ・九）
662▶バースデーパーティー　663▶トリップ（旅行は英語でトリップ）　664▶水車

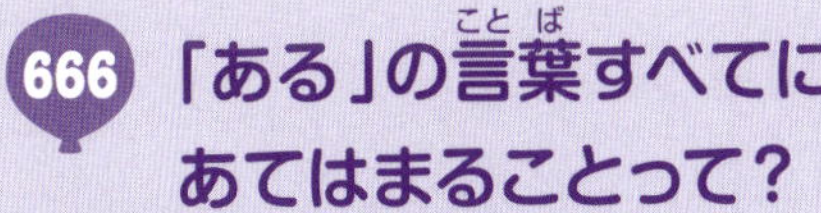

666 「ある」の言葉すべてに あてはまることって？

ある 明日、田植え、こうしろ、気前がいい

なし きのう、いねかり、ああしろ、気分が悪い

ヒント1
「ある」の言葉には なにかが かくれているよ。

ヒント2
どこにでもあるけど 目に見えないよ。

右や左も かんけいがあるよ。

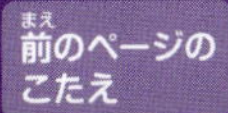

655▶リュックサック　656▶きっぷ　657▶乗りかえ（のり買え）駅
660▶わ（わタクシー＝わたくし）　661▶タイヤ（点々が消える）

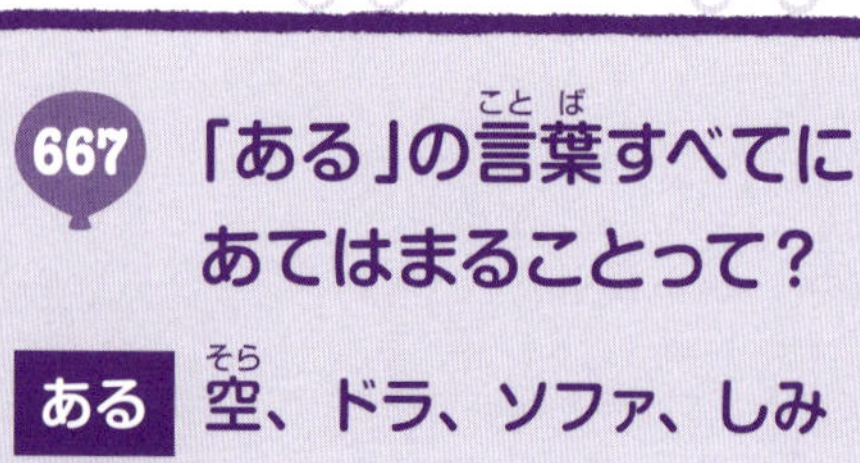

667 「ある」の言葉すべてに あてはまることって？

ある 空、ドラ、ソファ、しみ

なし 海、カネ、いす、よごれ

666▶「ある」には方向をしめす言葉（下、上、後、前）が入っている

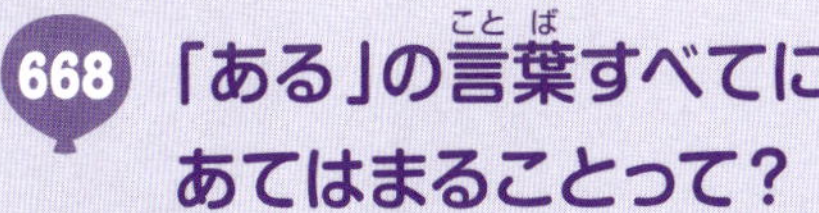

668 「ある」の言葉すべてに あてはまることって？

ある すき、水、たみ、きょう

なし きらい、お湯、きみ、きのう

ヒント1
「ある」の言葉は なにかをすると べつの言葉になるよ。

ヒント2
文字をふやしたら どうなるかな。

ヒント3
先頭の文字に 注目してね。

前のページのこたえ
665▶「ある」には色の名前（黒、白、赤、緑）が入っている

かくれているものってなあに？

669

公園(こうえん)の遊具(ゆうぐ)の名前(なまえ)がまざってしまったよ。二(ふた)つの遊具(ゆうぐ)の名前(なまえ)を見(み)つけだして。

ムジルシー
ソングジャー

（すき→すすき、みず→みみず、たみ→たたみ、きょう→ききょう）

670 花の名前がまざってしまったよ。三つの花の名前を見つけだして。

マクラガオワリアサヒサ

前のページのこたえ
667▶「ある」の言葉は、ドレミファソラシドの文字でできている
668▶「ある」の言葉は、一文字目をくり返すとべつの言葉になる

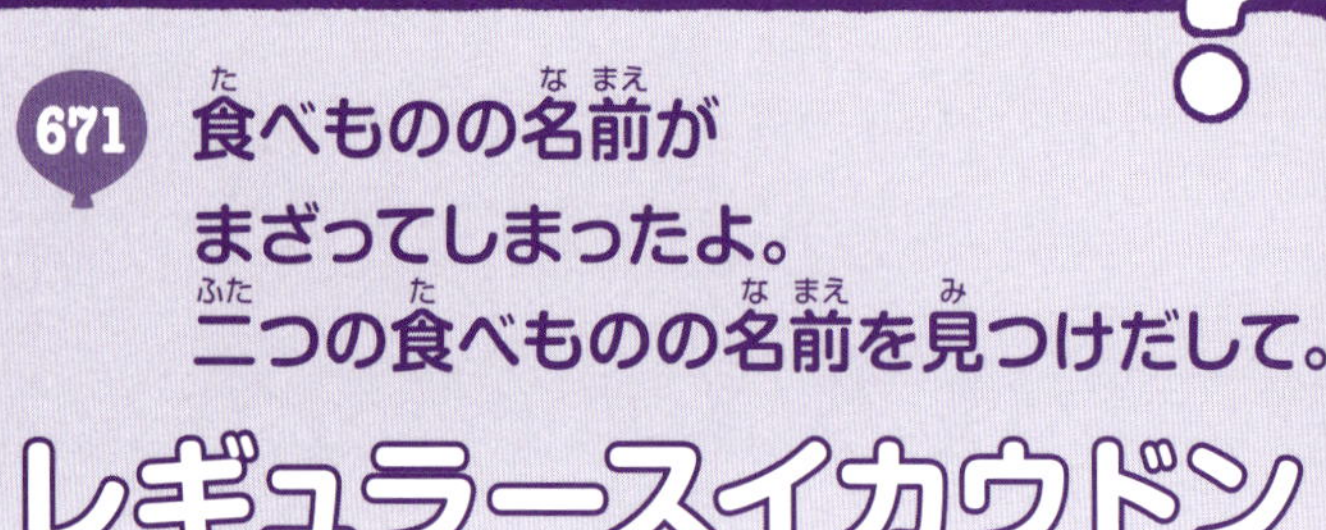

671 食べものの名前がまざってしまったよ。二つの食べものの名前を見つけだして。

レギュラースイカウドン

こたえは195ページ

前のページのこたえ

669 ジャングルジム、シーソー

670 アサガオ、ヒマワリ、サクラ

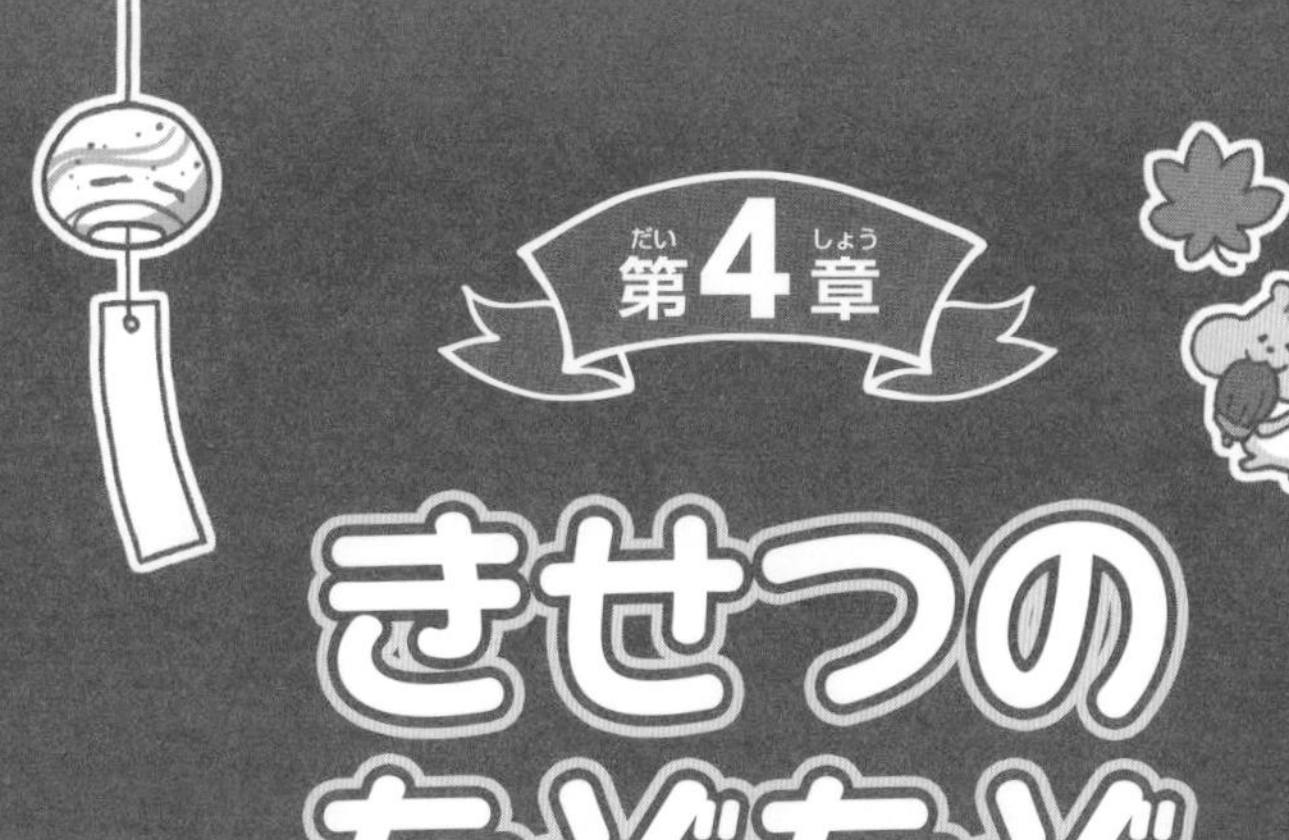

第4章 きせつのなぞなぞ

春、夏、秋、冬。
それぞれのきせつのなぞなぞを集めたよ！
きみはどのきせつがすき？

おまけのもんだい

きせつのめいろにチャレンジ！

レベル2のなぞなぞの下には、きせつのめいろがあるよ。
春➡夏➡秋➡冬のじゅんばんに絵をたどって、ゴールをめざそう！

春…　夏…　秋…　冬…

ななめの方向に進んだり、同じ絵を
二回続けて通ったりすることはできないよ。

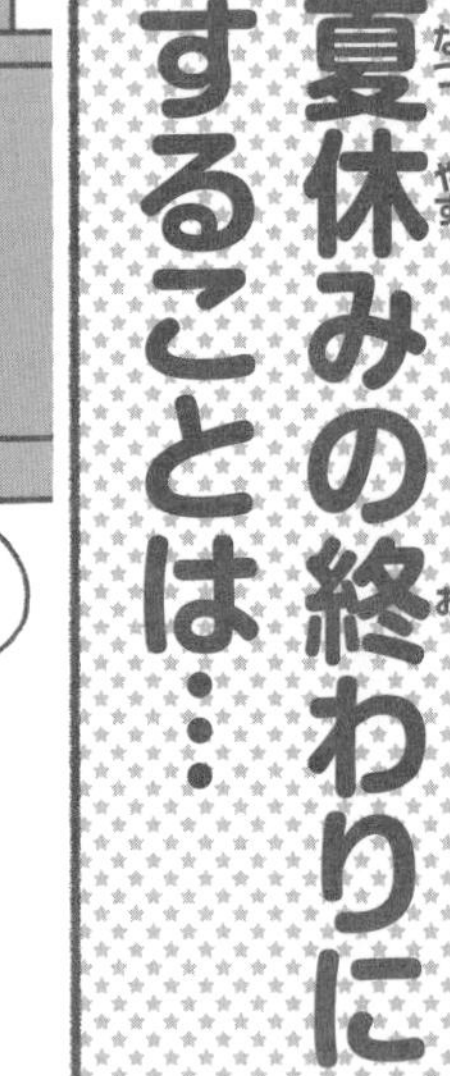

カンタンにゃー

672 勉強に使う「ううしょ」ってなあに？

673 夏休みにやるこれってなあに？

10けん9

674

だいはだいでも
ためてしまうと
たいへんな
「だい」ってなあに？

675

本を読んでから書く、
かわいた作文って
なあに？

192ページのこたえ　**671**▶カレーライス、ギュウドン

レベル
1
はじめのなぞなぞ
音楽や絵を味わう
げいじゅつの秋
676
きしゃはきしゃでも、コンサートに出てくる「きしゃ」ってなあに？
677
「くれくれくれくれ」とほしがるものってなあに？
カンタンにゃー

前のページのこたえ　672▶参考（三こ「う」）書　673▶自由研究（ジュウけんキュウ）

678▶絵かき（「え」か「き」） 679▶あせ

682

けんでさしたり、皿にのせたりしてあそぶものってなあに？

683

ツキはツキでも打ち合う「ツキ」ってなあに？

あたたかいきせつがやってきた!

684 これはなんという花(はな)かな?

685 これはどんな学校行事(がっこうぎょうじ)?

春(はる)➡夏(なつ)➡秋(あき)➡冬(ふゆ)のじゅんに絵(え)をたどってゴールをめざそう!

スタート

686

朝、ふとんの中にあらわれるサメってどんなサメ？

687

カバはカバでも春になると木にいる「カバ」ってなあに？

ゴール

前のページのこたえ　680▶たこ　681▶かるたとり　682▶けん玉　683▶羽根つき

ぽかぽか陽気♪気持ちのいい春

688 一つ学年が上がる「キュウ」ってなあに？

689 五月の風にふかれながら泳いでいるものってなあに？

690 ぼうしのつばに目があるものがとんでいるよ。これってなあに？

691 かぶとを二つかぶった生きものってなあに？

おまけのこたえ

スタート

686▶目ざめ　**687**▶若葉

692
毎年一日だけあって、
人によって
ちがっている
めでたいものは？

693
花だんに一本
出ただけでも
「たば」だと言われる
ものってなあに？

694
洋服についている、
あなをくぐる
花ってなあに？

695
いどうさせるように
めいれいしてくる
花ってなあに？

696
「くし」がついている
植物ってなあに？

697
とうはとうでも、
春にとれる山菜の
「とう」ってなあに？

ゴール

レベル2 どんどん！なぞなぞ

みんなで楽しくパーティー！

698 なみはなみでも
みんなで
サクラを見る
「なみ」ってなあに？

699 花の近くでけんを
たたいている人は、
なにをしているのかな？

700 サクラの花が
全部さいたときに
あらわれる「カイ」って
なあに？

701 人がいなくても、
なくなるまで
まきつづけられる
「ビラ」ってなあに？

おまけのもんだい

春➡夏➡秋➡冬のじゅんに絵をたどってゴールをめざそう！

スタート

691▶カブトガニ（かぶとが二）　692▶たんじょう日　693▶ふたば
697▶フキノトウ

702 「ピンピンピン
ピンピンピン
ピンピンピン」って
どんな色？

703 カイはカイでも、
食べたり飲んだり
歌ったりして
楽しむ「カイ」は？

704 パーティーなどで
十数本用意した
飲みものってなあに？

705 すわってサクラを
見るとき、
地面にしく
410って？

706 真ん中を取ると
たてものになる、
おとなの飲みものって
なあに？

707 牛がほしがる
くだものって
なあに？

ゴール

前のページのこたえ
688▶進級　689▶こいのぼり　690▶ツバメ（つば・目）
694▶ボタン　695▶ハコベ（運べ）　696▶ツクシ

レベル 2 どんどん！なぞなぞ

ひな祭り、たんごのせっく

708 三月のはじめに着物すがたの人形がならんでいる「だん」って？

709 新聞紙にはさまっているすしってなあに？

710 おひなさまのとなりにすわっている大きな「り」ってだあれ？

711 おひなさまのうしろにある、金色のついたてってなあに？

おまけのこたえ

スタート

702▶ピンク（ピン九）　703▶えんかい　704▶ジュース（十数）　705▶シート

712 ひな祭りで食べる、いつもひっしな食べものってなあに？

713 たんごのせっくでかざる、太った「カ」ってなあに？

714 たんごのせっくでかざる、「1234つ」人形ってなあに？

715 たんごのせっくでかざる461ってなあに？

716 五月五日に食べる、はちまきをけずった食べものってなあに？

717 五月五日に食べる、しわの入ったおかしってなあに？

前のページのこたえ
698▶花見　699▶見物（けん・ぶつ）　700▶満開　701▶花びら
706▶ビール（真ん中を取ると「ビル」）　707▶モモ（モーモー）

レベル2 どんどん！なぞなぞ

いつもありがとう！

718 お父さんとお母さんのことをあらわす「うし」ってなあに？

719 こっそり小学校に来たのはお父さんとお母さん、どっち？

720 一つだと赤いもので二つだとお父さんになるものってなあに？

721 一つだと口の中にあるもので二つだとお母さんになるものって？

おまけのもんだい

春➡夏➡秋➡冬のじゅんに絵をたどってゴールをめざそう！

スタート

711▶びょうぶ　712▶ひし（ひっし）もち　713▶かぶと（カ・太）
717▶かしわもち

722
お母さんから生まれる「ぼう」ってなあに？

723
やってあげるとおとながよろこぶ「タキ」ってなあに？

724
てつはてつでも、子どもがやると家の人がよろこぶ「てつ」はなあに？

725
きかんしゃからのけしきって、どんな気持ち？

726
お父さんとお母さんに言いたい39ってなあに？

727
ジはジでも体をもみほぐしてくれる「ジ」ってなあに？

ゴール

前のページのこたえ
708▶ひなだん　709▶ちらしずし　710▶おだいり（大り）さま
714▶五月（「5」が「つ」）人形　715▶よろい　716▶ちまき

海や山に出かけよう♪

728 虫じゃないよ、海の生きものだよ。これなあに?

729 これってどう読むの?

おまけのこたえ

スタート

720▶ち(血、父)　721▶は(歯、母)　722▶赤んぼう　723▶かたたたき
726▶サンキュー　727▶マッサージ

730

海にうかぶ
これってなあに？

731

日本で一番
背が高いのは、
なにさん？

ゴール

前のページのこたえ

718▶両親　719▶お父さん（「校」の中に「父」がかくれている）

724▶お手つだい　725▶かんしゃ（「き」をけす）

レベル
2
どんどん！なぞなぞ

ギラギラ暑い夏がきた！

732
はまべを一日中行ったり来たりしているものってなあに？

733
大きな目があって、日本を南から北へ旅するものって？

734
やきそばとラーメン、六、七月に食べるのにぴったりなのはどっち？

735
どんなきせつに食べても夏のような気分になる木の実って？

おまけのもんだい
春➡夏➡秋➡冬のじゅんに絵をたどってゴールをめざそう！
スタート

736
人間がたくさんいる
はまべに多い
海の生きものって
なあに？

737
雲の上で
ごろごろしている
ものってなあに？

738
海の中で見つけた
ライトって
なあに？

739
カイはカイでも
海の深い場所にある
「カイ」ってなあに？

740
ひえているのに、
ひやしているさいちゅうか
たずねられる
食べものってなあに？

741
すなはまで
落としてしまった
おかしってなあに？

前のページのこたえ
728▶あさり　729▶三日ぼうず　730▶島（四ま）　731▶富士山

レベル 2 ★

どんどん！なぞなぞ

今日から虫とり名人だ！

742 こっちを見てくれない夏の虫ってなあに？

743 草をかる道具とあなをあける道具を持った虫ってなあに？

744 アリにとうをのぼらせてあげたら、なんと言われたかかな？

745 点が十こある虫ってなあに？

おまけのこたえ

スタート

735▶ココナッツ（ここ、夏）　736▶ヒトデ（人出が多い）　737▶かみなり
740▶ひやし中華（ひやし中か？）　741▶スナック（すなつく）がし

746
まどガラスの真ん中にとまっている虫ってなあに？

747
空の下にいる虫ってなあに？

748
タルの上に、いねの「ほ」がのっているよ。これってなあに？

749
家から出ないまま、外をゆっくりさんぽする生きものってなあに？

750
ミミズを九ひき食べるトリってなあに？

751
虫は虫でもないてばかりいる「虫」って？

ゴール

前のページのこたえ
732▶波　733▶台風　734▶ラーメン（梅雨＝しるがある）
738▶かいちゅう（海中）でんとう　739▶深海

752 「かきくこ」と読む虫ってなあに？

753 きくの上にとまっている虫ってなあに？

754 細長い724ってどんな虫？

755 チョウはチョウでもどんどん育って大きくなる「チョウ」は？

756 ひらがなの「ぶん」ってどんな虫？

757 とんでいる十ぴきの虫を一度にとるにはどうしたらいいかな？

おまけのもんだい

春➡夏➡秋➡冬のじゅんに絵をたどってゴールをめざそう！

スタート

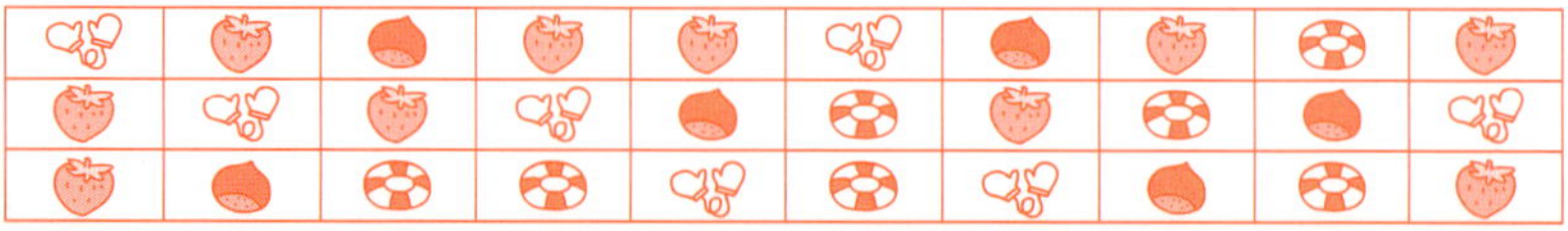

744▶ありがとう　745▶テントウムシ（点・十）　746▶ガ（まどガラス）
748▶ホタル　749▶カタツムリ　750▶ミミズク（ミミズ九）　751▶泣き虫

758
しおからい味がする虫ってなあに？

759
空にうかんでいる虫ってなあに？

760
おしろに住んでいそうな虫ってなあに？

761
学校でチョウがおじぎをするのはなにをしているとき？

762
「ダダ」ってどんな虫かな？

763
さんぱつしてくれる虫ってなあに？

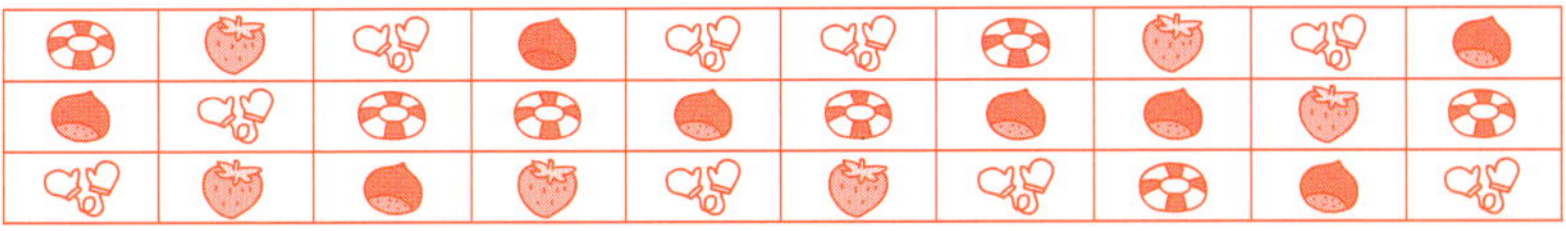

ゴール

前のページのこたえ
742▶ミンミン（見ん見ん）ゼミ　743▶カマキリ（カマとキリ）
747▶ハエ（「空」という字の下の部分は「ハエ」に見える）

夏のあついイベント 夏祭り

764 これってなあに？

765 夏の夜にきれいにさく花ってなあに？

スタート

754▶ナナフシ　755▶せいちょう　756▶カナブン　757▶写真にとる
761▶朝礼　762▶ダニ（ダ2）　763▶カミキリムシ

766

雲みたいにふわふわのあめってなあに？

767

これってなあに？

768

これは
なにをしているの？

769

船（ふね）に乗（の）らないのに、
やっていると
よってしまいそうな
つりってなあに？

春（はる）➡夏（なつ）➡秋（あき）➡冬（ふゆ）のじゅんに絵（え）をたどってゴールをめざそう！

スタート

770

これってどんな服？

771

お祭りの夜にあらわれるトリは？

ゴール

レベル2 どんどん!なぞなぞ

リンリン虫の声 秋がやってきた

772 おなかの中にはえている木ってなあに?

773 田んぼを見た人がすぐにほめるものってなあに?

774 見ると人をさそいたくなる赤や黄のきれいなものはなあに?

775 点々をとるとススキになっちゃう魚ってなあに?

おまけのこたえ

スタート

771▶ぼんおどり

776 頭にはマツ、おしりにはクリがある木の実ってなあに？

777 夜空を見上げる「きみ」ってなあに？

778 こやはこやでもおだんごをつくる「こや」ってなあに？

779 ドンと大きな音がして落ちてきたクリってなあに？

780 外国は九月になるとなにになるかな？

781 三時じゃなくて一時に食べるくだものってなあに？

ゴール

782
いつも待ち合わせで
待たされる虫って
なあに？

783
おしりに
リスがくっついている
虫ってなあに？

784
「92064」って
どんな虫？

785
暑い日に
せんぷうきに
あたっている
虫ってなあに？

786
たきがあっても
水はなく、
火があるもの
なあに？

787
キリはキリでも
ぼんやりしていない
「キリ」ってなあに？

おまけのもんだい

春➡夏➡秋➡冬のじゅんに絵をたどってゴールをめざそう！

スタート

774▶紅葉（「見に行こうよう」と言いたくなる）　**775**▶スズキ
780▶ガイコツ（「ク」が「ツ」になる）　**781**▶イチジク（一時・食う）

788
カレーについているパンが銀色になったよ。これってなあに？

789
わくせいのような、秋にさく金色の花ってなあに？

790
魚の「ままま」ってなあに？

791
「うううなななな」ってどんなくだものかな？

792
かさいはかさいでも火事ではなく、みんなで楽しむ「かさい」ってなあに？

793
ボスはボスでも秋にとれるくだものの「ボス」は？

ゴール

前のページのこたえ
772▶イチョウ（胃腸） 773▶イネ（「いーねー」と言われる）
776▶まつぼっくり 777▶月見 778▶十五夜 779▶ドングリ

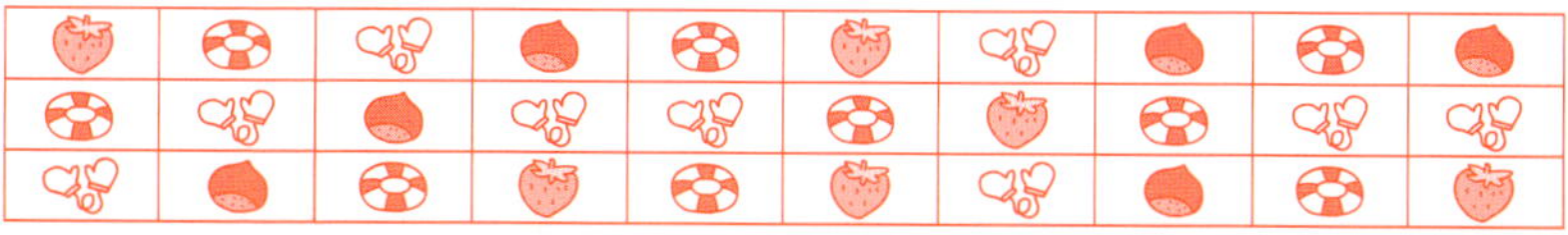

レベル2

どんどん!なぞなぞ

わいわい楽しい秋のイベント

794 ハロウィンで使ういしょうは、かしてもらえるのかな?

795 ちゃはちゃでもハロウィンに出てくる「ちゃ」は?

796 ハロウィンに出てくる五つの「スト」って?

797 子どものせいちょうをおいわいするなごみの行事ってなあに?

おまけのこたえ

スタート

ツー) **785**▶スズムシ(すずむ) **786**▶たき火 **787**▶くっきり

(三ま) **791**▶洋ナシ(四「う」・「な」四) **792**▶文化祭 **793**▶カボス

798
みんながおまいりする「しょうが」ってどこのことかな？

799
おじいさんとおばあさんがすぐ帰(かえ)ってくる日(ひ)って？

800
おじいさんとおばあさんが乗(の)っている電車(でんしゃ)はなにいき？

801
ガムはガムでも神(かみ)さまや仏(ほとけ)さまに向(む)かってする「ガム」ってなあに？

802
山(やま)を見(み)に行(い)くだけでけものをとらない「かり」ってなあに？

803
れいはれいでも紅葉(こうよう)した野山(のやま)を見(み)た人(ひと)がつぶやく「れい」ってなあに？

こたえは230・231ページ

ゴール

前(まえ)のページのこたえ
782▶マツムシ　783▶キリギリス　784▶クツワムシ（2は英語(えいご)で
788▶ぎんなん（銀(ぎん)ナン）　789▶キンモクセイ（木星(もくせい)）　790▶サンマ

なぞなぞにこたえてパズルをとこう！

クロスワードパズル

なぞなぞをといて、マスの中にこたえを書き入れよう。
「タテのかぎ」のこたえはタテ方向に、
「ヨコのかぎ」のこたえはヨコ方向に書いてね。

1	2	★
3		■
4★		

タテのかぎ

1 「けいと」を一文字かえたら、「練習」とにた意味の言葉になったよ。これなあに？

2 本物ににているけど、本物じゃないよ。これなあに？

ヨコのかぎ

1 着物のかわりに、毛皮を着ている動物のことをなんという？

3 こい⇕○○。反対の意味の、めいれいする言葉が入るよ。

4 道ばたに落ちている514ってなあに？

こたえがわかる
ところからうめていき、
ほかのこたえをヒントに
といていこう。

タテのかぎ

1 ひなた⇔○○○。反対の意味の言葉が入るよ。

2 部屋に光や風が入ってくるよ。どこから？

3 ボタンをおして、チャンネルをかえるよ。これなあに？

5 ○○ネズミ、○○センボン。○○に入る同じ言葉は？

ヨコのかぎ

1 「ひ」という字がまわっているよ。これなあに？

4 歩いていて、右や左に曲がるところって？

5 おもちゃや道具など、ものを入れるのに使うのは？

6 すずの音がする首の長い動物ってなあに？

★がついているマスの文字をつなげると、言葉ができるよ。どんな言葉かな？

こたえは319ページ

レベル 2

どんどん！なぞなぞ

おいしい食べものがいっぱい！

804 やいた生地の真ん中にクリが入っているおかしってなあに？

805 すなはまに落ちているクリってなあに？

おまけのもんだい

春➡夏➡秋➡冬のじゅんに絵をたどってゴールをめざそう！

スタート

796▶ゴースト（五・スト）　797▶七五三　798▶神社（しょうがは英語でジンジャー）
802▶もみじがり　803▶きれい

806

実が大きくなるのがおそいクリってなあに？

807

クリにすを入れるとできるものってなあに？

ゴール

226・227ページのこたえ

794▶仮装（かそう）だからかしてもらえる　795▶カボチャ
799▶敬老（帰ぇろう）の日　800▶長生き　801▶おがむ

808

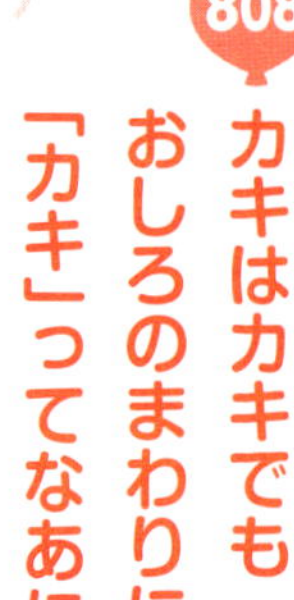

カキはカキでも
おしろのまわりにある
「カキ」ってなあに？

809

小さなカキと
大きなカキ、火を
消せるのはどっち？

スタート

810

頭にお金をのせたイモってなあに？

811

竹の近くで待っているきのこってなあに？

ゴール

レベル 2

どんどん！なぞなぞ

ブルブル…とっても寒い冬

812 寒い冬に
いつの間にか
立っている
柱ってなあに？

813 小さな声で「そう」と
うなずいている
人は暑い？　寒い？

814 冬に食べるとおいしい
三つのカンって
なあに？

815 おりはおりでも
さわるとつめたい
「おり」ってなあに？

おまけのもんだい

春➡夏➡秋➡冬のじゅんに絵をたどってゴールをめざそう！

スタート

810▶サツマイモ（お**さつ**がのっている）　811▶マツタケ

816
おとなのオスだけ
マフラーをしている
けものってなあに？

817
空から落ちてくる
しょっぱいおかしって
なあに？

818
ふだんは見えないのに、
寒いきせつには
見える白いものって
なあに？

819
スケート選手が
持っている楽器って
なあに？

820
具だくさんだけど、
「お」は出ない。
これってなあに？

821
人が中に入れる
つめたいまくらって
なあに？

ゴール

822

十二月三十一日に
みそを見つけた人は
なんと言うかな？

823

子どもも入りたいのに
入れないで立っている
ものってなあに？

824

「雨よ」と言われたけど、
べつのものがふって
いたよ。なにかな？

825

長時間
にこんだらできる、
足にはくものって
なあに？

826

こちらに向かって
ふく風は
なんという風かな？

827

ボウはボウでも
ポカポカあたたかい
「ボウ」ってなあに？

おまけのこたえ

スタート

814▶みかん（三カン） 815▶こおり 816▶ライオン 817▶あられ
821▶かまくら

828
家(いえ)にあって、
ドアの向(む)こうは
いつも冬(ふゆ)。
これなあに？

829
イロはイロでも
とてもあたたかい
「イロ」ってなあに？

830
寒(さむ)いときにはく
二(に)ひきのタイって
なあに？

831
とても寒(さむ)いと
あらわれる
「ブキ」ってなあに？

832
冬(ふゆ)のはじめの
つめたい「カラシ」って
なあに？

833
くもりだけど
あたたかいものって
なあに？

ゴール

レベル 2

どんどん！なぞなぞ

体を動かしてあたたまろう♪

834 毛糸は毛糸でも
氷の上をすべる
「毛糸」ってなあに？

835 ソリはソリでも
気づかれないように
している「ソリ」って
なあに？

836 雪の上ではなく、
おとなのあごや
ほおの上を
走るソリって？

837 しっぽに
どくばりのある
ソリってなあに？

おまけのもんだい

春➡夏➡秋➡冬のじゅんに絵をたどってゴールをめざそう！

スタート

824▶雪（雨＋ヨ＝雪）　825▶長ぐつ（ぐつぐつにこむ）　826▶北（来た）風
830▶タイツ（タイ2）　831▶ふぶき　832▶こがらし　833▶ぬくもり

838
みんながこのむ
冬のスポーツって
なあに？

839
雪山を
すべりおりるのが
とくいな鳥ってなあに？

840
夏にするのは日やけ、
冬に手足の先が
なるのはなにやけ？

841
とてもやさしい雪って
なんのことかな？

842
駅にずっといる人が
すきなきょうぎって
なあに？

843
ソンはソンでも、
たくさん走る
「ソン」ってなあに？

ゴール

前のページのこたえ
822▶「おお、みそか（大晦日）」 823▶こたつ（子立つ）
827▶だんぼう 828▶れいぞうこ 829▶カイロ

844
リングはリングでも
氷をみがいているような
「リング」ってなあに？

845
雪がふるとはじめる
戦いってなあに？

846
カキはカキでも
雪がふるとはじめる
「カキ」は？

847
太く書かれた
「リ」の字。
なにをあらわして
いるのかな？

848
ベルはベルでも
雪がふったときに
使う「ベル」って
なあに？

849
コップはコップでも
雪がふったときに使う
「コップ」ってなあに？

おまけのこたえ

スタート

836▶ひげそり　837▶サソリ　838▶スキー
840▶しもやけ　841▶新雪（親切）　842▶駅伝（駅・出ん）　843▶マラソン

850 ピンはピンでもフィギュアスケートで見せる「ピン」ってなあに？

851 ショーはショーでも雪がふると見られる「ショー」ってなあに？

852 使うと、「ストッ」という音が九回するスキーの道具って？

853 タイはタイでも雪や氷にさわると口から出る「タイ」は？

854 寒いとのびて、あたたかいと短くなるものってなあに？

855 スケート場でよくつくもちってなあに？

ゴール

前のページのこたえ
834▶アイススケート（す毛糸） 835▶こっそり、ひっそり
839▶かっこう（すべりおりることを「滑降」という）

レベル 2

どんどん！なぞなぞ

寒さもふっとぶ！冬のイベント

856 マスをつるときに使う木ってなあに？

857 都会に名をつけたら動物になったよ。どんな動物かな？

858 キンはキンでもクリスマスによく食べる「キン」ってなあに？

859 ギンはギンでもなんきょくを歩いている「ギン」ってなあに？

おまけのもんだい

春➡夏➡秋➡冬のじゅんに絵をたどってゴールをめざそう！

スタート

847▶リフト（リ・太） 848▶シャベル 849▶スコップ 850▶スピン
854▶つらら 855▶しりもち

860 いつもは足(あし)を入(い)れ、クリスマスにはちがうものを入(い)れるものってなあに？

861 マッサージをしてくれる木(き)ってなあに？

862 ろうそくってなんドル？

863 クリスマスのころ、ドアにつける長(なが)いリスってなあに？

864 クリスマスイブにたいへんな思(おも)いをするのはだあれ？

865 クリスマスに料理(りょうり)やケーキが出(で)てきたらなにマス？

ゴール

前(まえ)のページのこたえ
844▶カーリング　845▶雪(ゆき)がっせん　846▶雪(ゆき)かき
851▶雪(ゆき)げしょう　852▶ストック（ストッ・九(く)）　853▶つめたい

866
これって
なんのこと？
「〇〇〇〇す」

867
部屋の中にいて、
さわるととても
あたたかいペットって
なあに？

868
一年の終わりに
はえてくるマツって
なあに？

869
字が多そうだと
言われるのは
なにを
やっているとき？

870
こしがある
そばってなあに？

871
えとの中で、
どんなときでも
すわらないのは？

おまけのこたえ

スタート

859▶ペンギン　**860**▶くつした　**861**▶モミの木　**862**▶キャンドル
865▶いただきます

872 二月の行事の「せせぶん」ってなあに？

873 えらい人がかくれているのはなんの日？

えらい人のことを偉人というよ。

874 すきな気持ちをあらわす長いハトってなあに？

875 クリなんか入っていないのに名前にクリがついているチョコレートってなあに？

876 中にイタチが入っているチョコレートってなあに？

877 バレンタインデーのお返しをする、いとの入っている日ってなあに？

前のページのこたえ
856▶クリスマスツリー　857▶トナカイ　858▶チキン
863▶リース　864▶サンタクロー（苦労）ス

レベル2★ どんどん！なぞなぞ

新しい年がやってきた！

878 新年によく あらわれるのは どんな「とう」？

879 服を見て にこにこしている あそびってなあに？

880 新年、はじめて牛が 鳴いたのは なにをした日？

881 きょうが一番 よくないものって なあに？

おまけのもんだい

春➡夏➡秋➡冬のじゅんに絵をたどってゴールをめざそう！

スタート

868▶年末　869▶大そうじ（多そう・字）　870▶年こしそば

874▶ハート　875▶手づくりチョコレート　876▶板チョコ　877▶ホワイトデー

882 もちはうすときねでつくけど、口でつくものってなあに？

883 きのうが去年になる日っていつだろう？

884 心の中でいろいろにへんかするもちってなあに？

885 新年におこなう、カキに色をつける行事ってなあに？

886 わかいころはしらがで、としをとるほど毛が黒くなるものってなあに？

887 世界いさんのおしろは姫路城、新年はじめに見るのはなにジョウ？

ゴール

前のページのこたえ

866▶しわす（四輪す＝師走、十二月のこと） 867▶ホットカーペット
871▶たつ（立つ） 872▶せつぶん（せ２ぶん） 873▶成人の日

新年の定番は、これだね！

888 これはどんな食べもの？

889 これはどんなあそび？

おまけのこたえ

スタート

（はつモーデー）　**881**▶おみくじ（「凶」がよくない）　**882**▶うそ
886▶習字の筆（さいしょは白いが、使うほど黒くなる）　**887**▶ねんがじょう

890

これはいったい なんのことだろう？

891

これはなあに？

ゴール

前のページのこたえ
878▶あけましておめでとう　879▶ふくわらい　880▶はつもうで
883▶一月一日　884▶気持ち　885▶書き初め（カキぞめ）

どっちのグループ？

グループ分けのルールを見つけよう。

892

「たこ」はどっちのグループに入るかな？

A	かんづめ、まど、夜
B	けっこん式、プレゼント、天ぷら

ヒント1

「たこ」はどっちのたこかな？

ヒント2

それぞれのものをどうするか考えよう。

891▶お年（落とし）玉

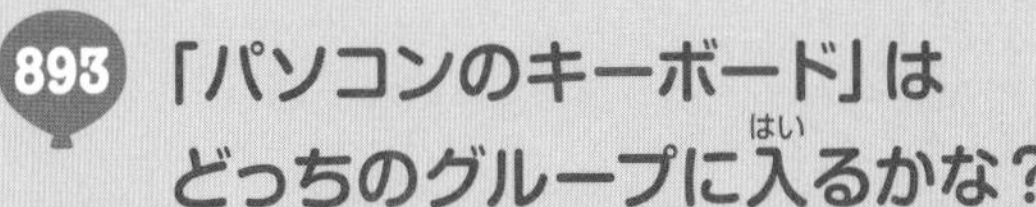

893 「パソコンのキーボード」は
どっちのグループに入るかな？

A そば、たいこ、くぎ

B はじ、絵、あぐら

894

「大地」はどっちのグループに入るかな？

A	お母さん、ゴリラ、バナナ
B	姉、パンダ、ブルーベリー

ヒント① Aの言葉にはなにがかくれているかな。

ヒント② Aにあって、Bにないものって？

ヒント③ 「大地」をひらがなにしてみるとわかりやすいかも!?

893▶A（A…「打つ」もの、B…「かく」もの）

895

「世界」はどっちのグループに入るかな？

A	マスク、さけび、いかり
B	ひたい、小雨、ワカメ

よーく見てみよう カレンダーなぞなぞ

896

カレンダーを見たら、
ハチがくだものを
ぶら下げていたよ。
どんなくだものかな？

ハチはカレンダーの
どこにいる？

「ぶら下げている」から、
ハチの下を
見るといいね。

ハチの下の
数字はなにかな？

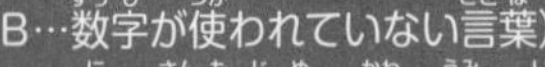

B…数字が使われていない言葉）
B…二、三文字目が川や海の生きもの＝たい、さめ、カメ）

897 父さんが いつも見下ろしているものは なあに？

前のページのこたえ
894▶A（A…数字が使われている言葉＝お母さん、ゴリラ、バナナ
895▶B（A…一、二文字目が川や海の生きもの＝マス、さけ、いか

898 ハチが三しゅうした。
そしたらとてもえんぎのいいものにたどり着いた。
それってなあに？

〇月
1 2 3 4 5 6 7
8 9 10 11 12 13 14
15 16 17 18 19 20 21
22 23 24 25 26 27 28
29 30

こたえは259ページ

896▶イチゴ（カレンダーのハチ＝8の下にはいつもイチゴ＝15がある）
897▶庭（父さん＝13の下にはいつも庭＝20がある）

第5章

日本から世界へ！なぞなぞ

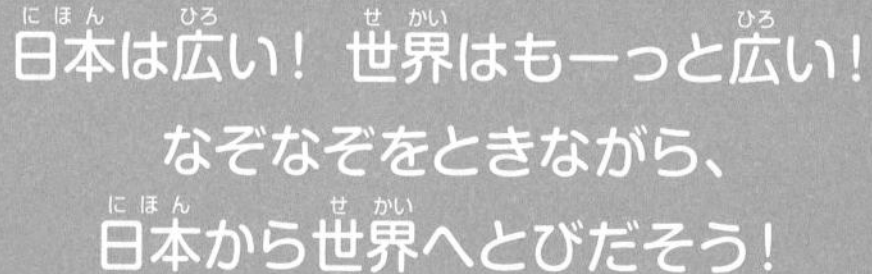

日本は広い！ 世界はもーっと広い！
なぞなぞをときながら、
日本から世界へとびだそう！

おまけのもんだい

まちがいさがしにチャレンジ！

レベル2のなぞなぞの下には、まちがいさがしがあるよ。
262ページから273ページは、左右がぎゃくの絵に、
276ページから283ページは、左の絵がかげ絵になっているよ。
左の絵の中から、右の絵とちがうところを見つけだせるかな？

レベル
1
はじめのなぞなぞ
みんな大すき！おいしい和食
899
「そこにいるように」と言われる料理人ってだあれ？
すし
900
すぐ近くにある食べものってなあに？
カンタンにゃー

256ページのこたえ　898▶福（ハチ=8が三週ぶん下に進むと29=ふくにたどり着く）

レベル1 はじめのなぞなぞ

昔のあそびで楽しもう♪

903 まわしをしているけど すもうじゃないよ。 これってなあに？

904 乗っても自分で 歩かないと進まない 馬ってなあに？

901▶てんどん　902▶さしみ

前のページのこたえ　899▶板前さん（「そこにいたまえ」と言われる）　900▶そば

どの都道府県かわかるかな？

907 ごはんをたくさんもったことが知られてしまう都道府県は？

908 三頭のヤギがいる都道府県は？

左の絵の中で、右の絵とちがうところを三つ見つけてね！

909

バラに息をふきかけているね。
この都道府県は？

910

カナが丸になっているね。
この都道府県は？

前のページのこたえ　903▶こままわし　904▶竹馬　905▶竹（たけぇ＝高い）トンボ

岩の中にシカがいる都道府県は？

「の」が長ーい都道府県は？

909▶茨城県（いバラき） 910▶神奈川県（カナが輪）

913

さか立ちすると
わらいがこぼれる
都道府県は?

914

サッカーを見かけたときに
思わず言ってしまう
都道府県は?

前のページのこたえ

907▶青森県(あっ、大もり)　908▶宮城県(三ヤギ)

915 しましまもようだね。この都道府県は？

916 かわいらしいおひめさまの絵があるよ。この都道府県は？

左の絵の中で、右の絵とちがうところを三つ見つけてね！

913▶三重県（笑み→みえ）　914▶大阪府（おお！ サッカー）

917

テストのとき、かならず名前をはじめに書く都道府県は?

918

クマがふえてほしいとねがっている都道府県は?

前のページのこたえ　911▶石川県(いシカわ)　912▶長野県(長・の)

レベル 2 どんどん！なぞなぞ

なつかしい!? 昔の日本なぞなぞ

919 カタカナを一文字消すと出てくるさむらいの持ちものってなあに？

920 手のひらにとつぜんあらわれた武士ってなあに？

921 にんじゃに人数をたずねるときはなんと言ったらいい？

922 しょうじのある家できものを着ている人はどんな人？

918▶熊本県（クマもっと）

923
昔の人がにたり、たいたりしたまどってなあに？

924
玉のようなはきものを見た人はおどろいたよ。どんなはきものだった？

925
きものはきものでもくるくるまいてある「きもの」ってなあに？

926
ウリはウリでも足にはく「ウリ」ってなあに？

927
全国各地に行く人がはいているものってなあに？

928
人にやさしい人が持っているやりは重い？　軽い？

前のページのこたえ　915▶広島県　916▶愛媛県（絵ひめ）　917▶長崎県（名が先）

レベル2 どんどん！なぞなぞ

絵があらわすもの わかるかな？

929 こまっている人にする これってなあに？

930 音楽を聞くときに使う これってなあに？

おまけのもんだい 左の絵の中で、右の絵とちがうところを三つ見つけてね！

922▶正直者（しょうじ・きもの）　923▶かまど　924▶げた（たま・げた）
928▶重い（「思いやり」のある人だから）

931

この食べものってなあに?

1001O ーイチ

932

料理するときに使うこれってなあに?

ま

前のページのこたえ

919▶かたな　920▶こぶし　921▶「何人じゃ?」

925▶まきもの　926▶ぞうり　927▶足袋(旅・人)

933 行くと楽しいこれってなあに？

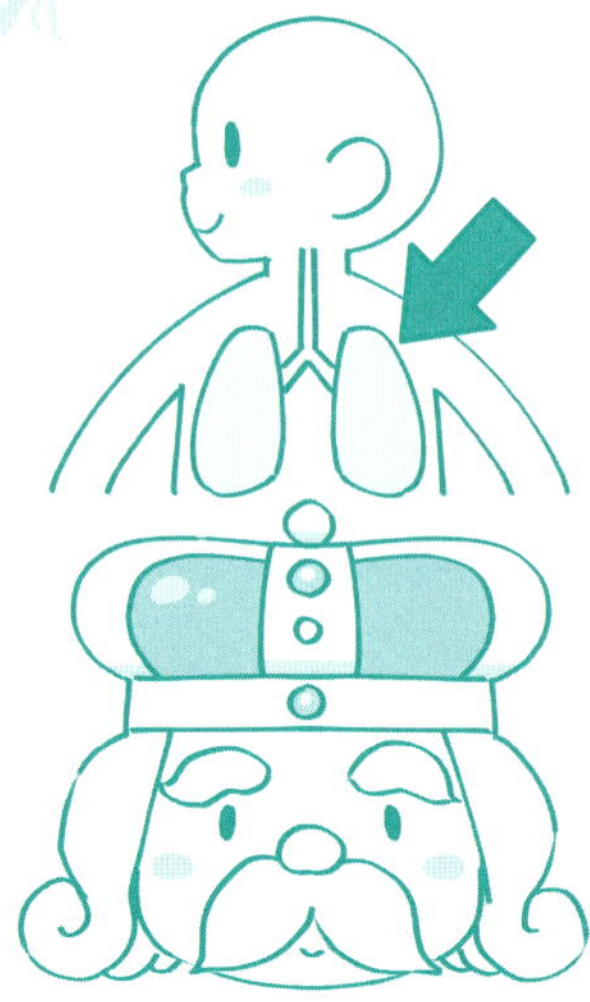

934 この食べものってなあに？

930▶ヘッドホン（頭は英語でヘッド）

932▶まな板（「ま」がないている）

935

この食べものって
なあに?

936

これはなにを
しているの?

こたえは276・277ページ

前のページのこたえ

929▶助ける（＋「たす」のマークをけっている）

931▶まんじゅう（「いちまんじゅう」ひく「いち」）

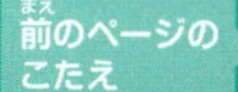

○にあてはまるものはなあに？

言葉当てクイズ

上と下の○の中には、同じ文字だけどちがう意味の言葉が入るよ。絵やヒントをさんこうにしながら、どんな文字が入るか当ててみよう！

1

お母さんは、○○○とこわい。

いたずらすると、お母さんはどうなるかな？

この町は平和だから、じけんが○○○ことはほとんどない。

2

○○○○学校が休みだったから、友だちとたくさんあそんだ。

このカメラの○○○○、写真をとるだけじゃないんだ。

「せいのう」と同じような意味の言葉が入るよ。

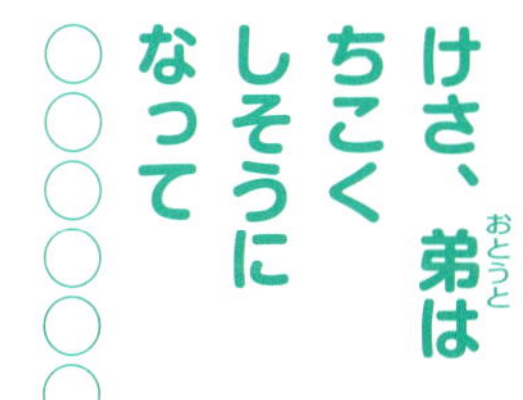

けさ、弟は
ちこく
しそうに
なって
○○○○○○。

気づくと
五十年もの
○○○○○○
○○。

3

今日、体育が
あること
○○○○○○
んだけど、
たいそう服を
わすれちゃった。

4

あのねこ、
おなかが
すいて、
きっ○○○
○○○○○
んだよ。

こたえは319ページ

レベル2★
どんどん！なぞなぞ

日本から世界へとびだそう！

937 イギリスに一ぴきいる動物ってなあに？

938 なんきょくでトムとサムがかけっこをしたよ。どちらが勝ったかな？

939 いつも上にのっている国って？

940 「ばばばばばばばば」という国ってなあに？

左の絵は右の絵のかげ絵になっているよ。ちがうところを三つ見つけてね！

935▶レタスサラダ　936▶つみき（「き」をつんでいる）

941
スロバキアにいる動物ってなあに？

942
ブラジルの「ババババカーニバル」ってなあに？

943
みんなでタイに旅行に行くのはなんというじゅぎょう？

944
話をするのがすきな人ばかりいる国は？

945
ねているしんじゅのような国ってなあに？

946
だれもいない国ってなあに？

272・273ページのこたえ
933▶ハイキング　934▶クリームシチュー

947
なんのマークも出ない国ってなあに？

948
そのままでも、ひっくり返してもイスがある国ってなあに？

949
歯が一本しかない国ってなあに？

950
まどのブラインドに入っている国ってなあに？

951
息でふっとふいたらとんでしまいそうな国ってなあに？

952
漢字ではない国ってなあに？

おまけのこたえ

（のる・上） 940▶キューバ（九ば） 941▶ロバ 942▶サンバ（三バ）カーニバル（しんじゅは英語で「パール」） 946▶オランダ

953
イカのせいで行きにくい国ってなあに？

954
「カキクケコ」が「カキクケ」になる国ってなあに？

955
うそをついてもだれにもわからない国ってなあに？

956
「食べろ」と言われる国ってなあに？

957
なんでもあと六つほしがる国ってなあに？

958
夜、停電したときに思わず言ってしまう国ってなあに？

前のページのこたえ
937▶リス　938▶サム（寒かった＝サム勝った）　939▶ノルウェー
943▶体育（タイ行く）　944▶カタール（語る）　945▶ネパール

レベル 2
どんどん！なぞなぞ

広い世界をたんけんだ！

959 「はひへほ」って どんな道具？

960 くつはくつでも 暗くて中に コウモリがいる 「くつ」ってなあに？

961 さばくで 食べている 魚ってなあに？

962 チーズを 三つに切って 真ん中を取ったら なにになる？

左の絵は右の絵のかげ絵になっているよ。ちがうところを三つ見つけてね！

950▶インド　951▶チリ　952▶カナダ（カナだ）　953▶ジャマイカ（「食え」と）　957▶モロッコ（もう六こ）　958▶ウクライナ（う、暗いな）

963
よごれた方位磁石にはない方角ってなあに?

964
がけはがけでも洋服のしわが消える「がけ」ってなあに?

965
おくさんがたきに入ると起こるものってなあに?

966
だれも行ったことのない場所やあぶない場所に行くケンカってなあに?

967
海にいる十本足の生きものがいつも乗っている乗りものってなあに?

968
みんなをリードする、長い「タイ」ってだあれ?

前のページのこたえ
947▶デン(出ん)マーク　948▶スイス　949▶ハイチ(歯一)
954▶トルコ(取るコ)　955▶バーレーン(バレない)　956▶クウェート

レベル 2 どんどん! なぞなぞ

有名なこのお話、知ってる?

969 ももたろうやうらしまたろうが入っていたのはどんなくだもの?

970 すずめの足元にきりがもくもく…これってなんのお話?

971 いすやつくえなどを売る少女ってだあれ?

972 『おおかみと七ひきのこやぎ』の中に出てくる食べものってなあに?

961▶サバ(サバ食う) 962▶地図 963▶北(きたない)
967▶いかだ 968▶隊長(タイ長)

973
きんはきんでも
おばあちゃんに
とどけものをする
女の子の「きん」って？

974
えんぴつとシンデレラ、
どちらも持っている
ものってなあに？

975
「お46で
ぶ十日い」って
なんのこと？

976
水たまりのできた道を
走っていった二台の
乗りものってなあに？

977
王さまにかんけいのある
「きかくけこ」って
なあに？

978
王さまにかみついた
動物ってなあに？

前のページのこたえ
959▶ナイフ（「ふ」がない） 960▶どうくつ
964▶アイロンがけ 965▶たつまき 966▶冒険家、探検家

971▶かぐや（家具屋）ひめ　972▶きのこ　973▶赤ずきん　974▶しん（シン）
977▶妃（き・先）　978▶オオカミ（王かみ）

980 これはどこの都道府県かな？

前のページのこたえ

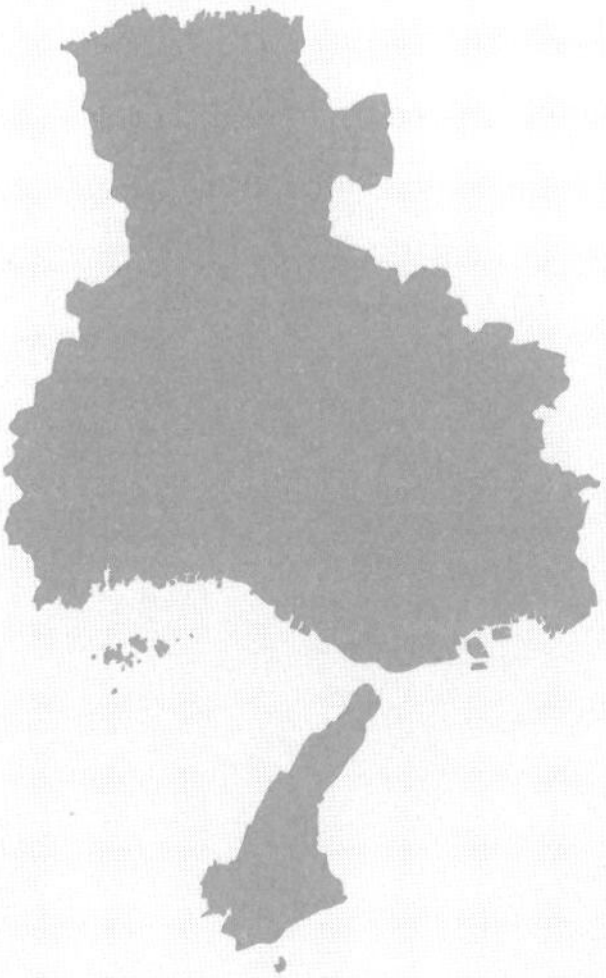

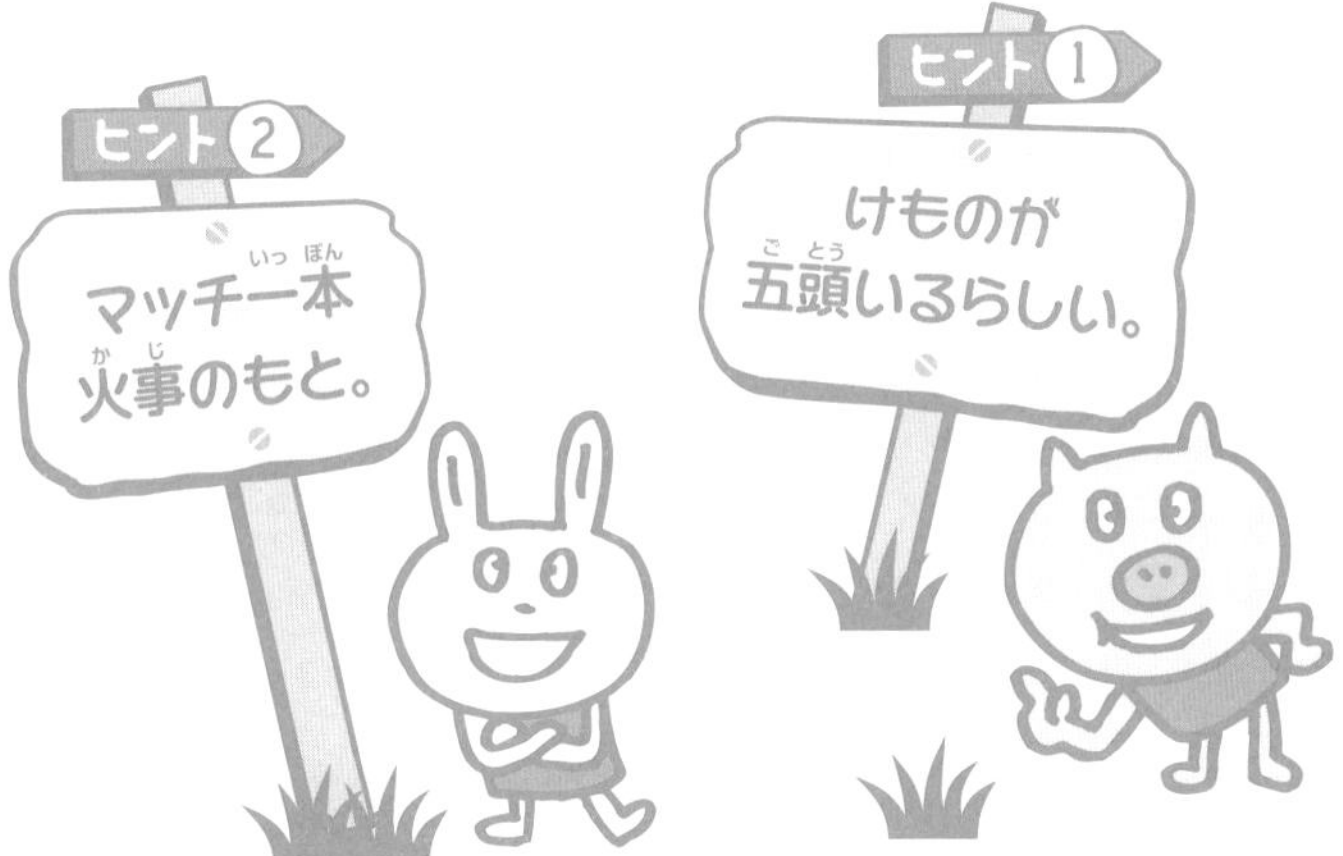

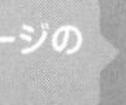

969▶ナシ（昔ばなし） 970▶した切り（下・きり）すずめ
975▶おしろでぶとう会 976▶馬車（バシャバシャ）

981 これはどこの都道府県かな？

ヒント②
中にかみをとかす道具がかくれているよ。
ヒント①
さいごに「す」をつけるとうれしくなる。

980▶兵庫県（ヒョウ五・標語）

982 これはどこの都道府県かな？

前のページのこたえ
979 ▶ 大分県（多い田・「おお、いた！」）

983 これはどこの都道府県かな？

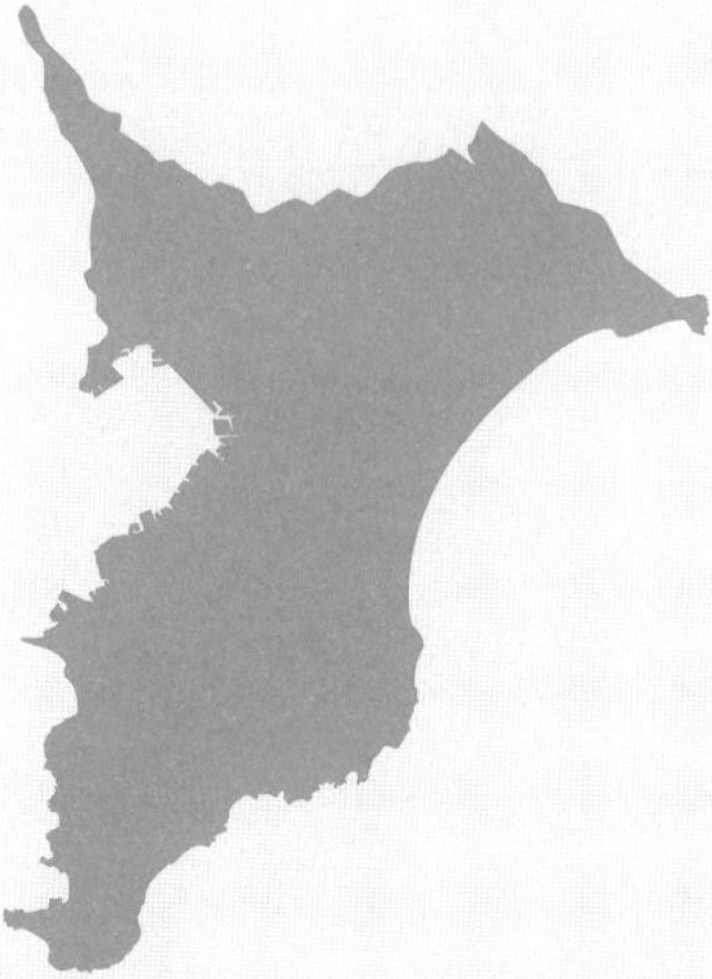

ヒント②
くちばしの中で見つかるらしい。
ヒント①
落ち葉の下にあるらしい。

こたえは291ページ

前のページのこたえ

981▶徳島県（得します・とくしま）

982▶岩手県（漢字をばらばらにすると山石手・「いわって！」）

第6章

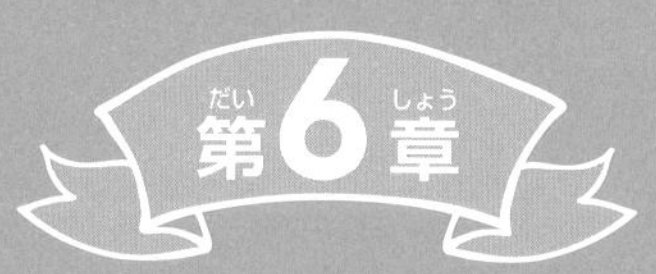

参上！なぞとき探偵団

ひらめきと集中力をぶきになぞをとき、
どんなじけんもかいけつする「なぞとき探偵団」。
今日もなぞとき探偵団のもとにはたくさんのいらいが…。

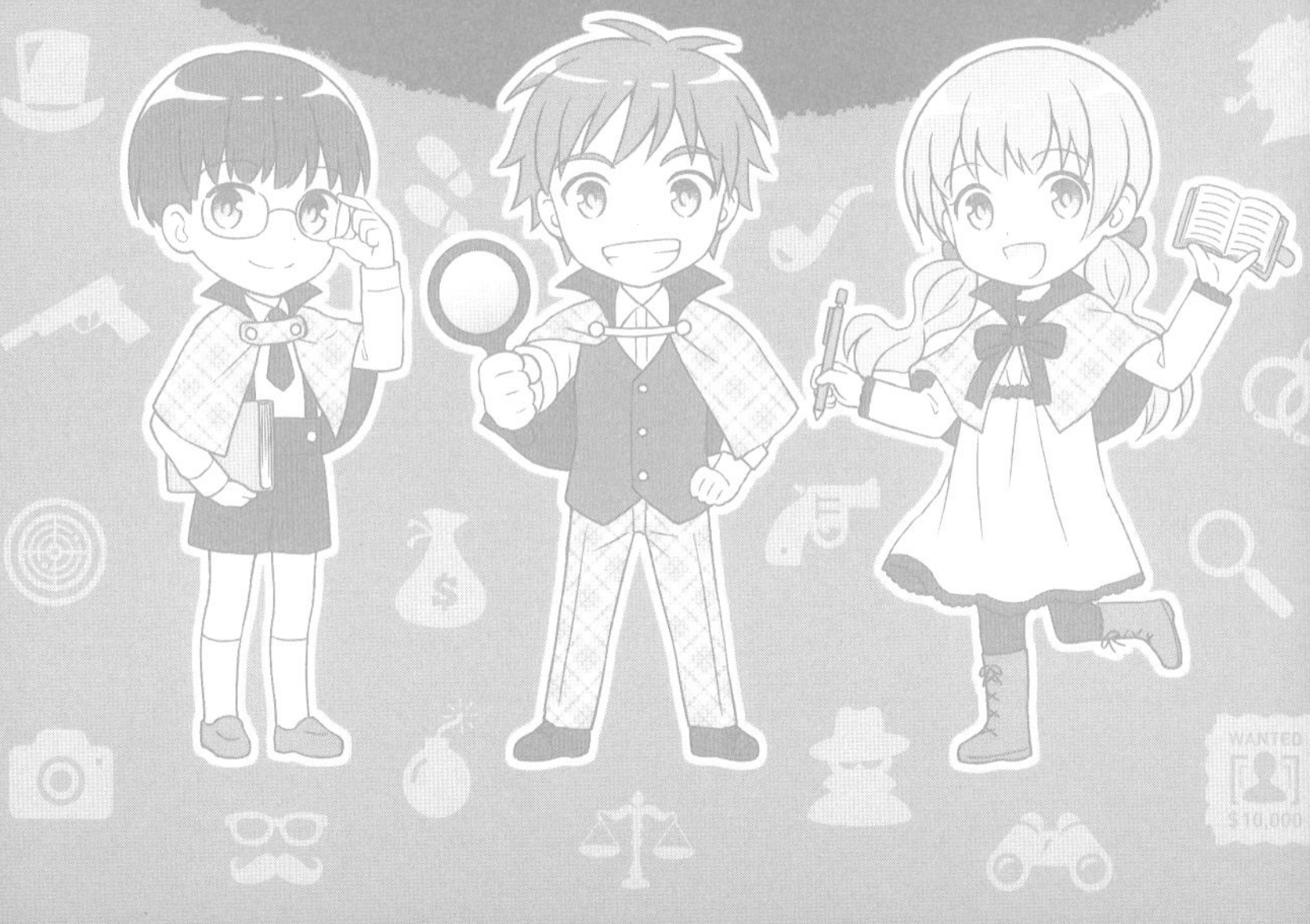

レベル
3
ウルトラ！なぞなぞ
なぞとき探偵団
ただいま参上！
984
ダンはダンでも
チョウやハチが
とんでくる
「ダン」って
なあに？
985
こまったことを
かいけつしたい
「ダン」って
なあに？
むずかしいにゃー

288ページのこたえ
983▶千葉県（おちば・くちばし）

探偵ってどんなお仕事？

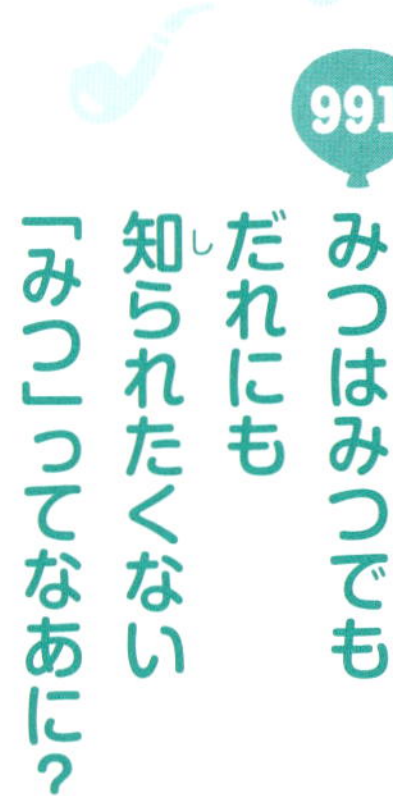

988 カネはカネでも探偵がじっくりかんさつするときに使う「カネ」は？

989 チョウはチョウでも調べたことをきろくする「チョウ」は？

990 相手の助けになることを言う「いす」ってなあに？

991 みつはみつでもだれにも知られたくない「みつ」ってなあに？

992
探偵の大事な仕事である
これはなにかな？

さ

993
ケンはケンでも
探偵がかつやくする
「ケン」ってなあに？

994
へんそうするときに
かぶる木は？

995
探偵がだれかのゆくえを
追っているときに
食べるおかしって
なあに？

996
探偵がくわしい、
中にウリの入った
「社会のルール」ってなあに？

997
トリはトリでも
はんにんをおびき出す
「トリ」ってなあに？

前のページのこたえ 984▶花だん 985▶相談 986▶じょうだん 987▶ばくだん

＼レベル／
★3★
ウルトラ！なぞなぞ

探偵団への新たないらい

998 ライはライでもとうがらしを食べたあとにしぜんと口にしてしまう「ライ」は？

999 ラグビー選手がとくいな「ライ」ってなあに？

1000 いばりたがり屋が大すきな「ライ」ってなあに？

1001 きぼうが感じられる「ライ」ってなあに？

991▶ひみつ　992▶ちょうさ（長「さ」）　993▶じけん
996▶ほうりつ　997▶おとり

1002
あまり
すきじゃない
「ライ」ってなあに？

1003
夜、光のない
「ライ」ってなあに？

1004
王さまの
まわりにいる
「ライ」ってなあに？

1005
せんたくものを
つけておく
「ライ」ってなあに？

前のページのこたえ
988▶虫メガネ　989▶手帳、記録帳　990▶アドバイス
994▶カツラ（桂という木がある）　995▶人さがし

レベル3 ウルトラ！なぞなぞ

なぞとき探偵団(たんていだん)におまかせ！

むずかしいにゃー

1006 モンはモンでも人(ひと)におねがいする「モン」ってなあに？

1007 ノミはノミでもいらいをするときに出(で)てくる「ノミ」は？

1008 二人(ふたり)の秘書(ひしょ)が、まわりに聞(き)こえないようにしている話(はなし)ってなあに？

1009 「辞書(じしょ)の間(あいだ)はむだ」ってどこのこと？

1002▶きらい　1003▶暗(くら)い　1004▶家来(けらい)　1005▶たらい

1010
ヤミはヤミでもどうしていいかわからない「ヤミ」ってなあに？

1011
カンが四つついているカメラってなあに？

1012
サツはサツでも探偵がよく見て調べる「サツ」は？

1013
なにかを見つけるためにやる「すしすせそ」ってなあに？

1014
ひはひでもみんなに知られないようにする大事な「ひ」ってなあに？

1015
悪いことをした人が持っている二つの実ってなあに？

前のページのこたえ
998▶からい　999▶トライ　1000▶えらい　1001▶未来、将来

レベル3 ウルトラ!なぞなぞ

真相をさぐれ! ちょうさ開始

むずかしいにゃー

1016 だれかを追いかけているときに出る「せき」ってなあに?

1017 じけんげんばで見つけたのは、なにがかかり?

1018 そうさで大切な六本の木ってなあに?

1019 鳥をよくちょうさすることをなんという?

1009▶事務所(「じしょ」の間に「む」) 1010▶なやみ
1013▶さがす(「さ」が「す」になっている) 1014▶ごくひ 1015▶つみ(2・実)

1020
たて笛ににているけど、音をろくおんするものだよ。これってなあに？

1021
細かく調べるときに出る「せき」ってなあに？

1022
はりはりでも、ターゲットをかんしする「はり」ってなあに？

1023
さくはさくでも、探偵がなにかを見つけるために行う「さく」ってなあに？

1024
足がないとできないけど、足があると見えないものってなあに？

これは…？

前のページのこたえ
1006▶注文　1007▶たのみ　1008▶ひそひそ（ひしょひしょ）話
1011▶かんし（カン四）カメラ　1012▶かんさつ

レベル 3
ウルトラ！なぞなぞ

この暗号、読めるかな？

暗号を発見！なんと書いてあるか当ててみて！

1025

1026

553じ2

で

1019▶とり調べ　1020▶レコーダー　1021▶ぶんせき　1022▶見はり

1027

1028

前のページのこたえ

1016▶ついせき　1017▶手がかり　1018▶きろく（木・六）
1023▶そうさく　1024▶足あと

レベル 3 ウルトラ!なぞなぞ

あやしいのはだあれ?

むずかしいにゃー

1029

れいぞうこに入っていたケーキを、だれかが勝手に食べてしまったらしい。しょうげんを集めたところ、ケーキを食べた一人だけはうそをついているとわかった。ケーキを食べてしまったのはだれかな?しょうげんを元に、すいりしてみよう。

しょうたくん「食べたのはあみちゃんではないよ」
はるかちゃん「わたしは食べていないよ」
あみちゃん「食べたのはゆうとくんだよ」
ゆうとくん「はるかちゃんが食べたんだよ」

1027▶ゆびわは庭の石の下　1028▶お金はれいぞうこの中

どうやってとけばいいかわかるかな？
かりに、ケーキを食べたのはしょうたくんで、
しょうたくんがうそをついているとして
考えてみよう。

しょうたくんがうそをついていると
したら、本当は「食べたのはあみちゃん」
だということになるね。

そうしたら、うそをついている
しょうたくんとあみちゃんが二人とも
ケーキを食べたことになってしまうよ！
数が合わないね！

つまり、しょうたくんのしょうげんは本当で、
しょうたくんとあみちゃんはケーキを食べて
いないことになるね。
このやりかたで、ほかの三人のしょうげんも
調べてみよう！

前のページのこたえ　1025▶はんにんは自転車でにげた　1026▶午後三時に公園で待つ

レベル
3
ウルトラ！なぞなぞ

しょうげんを元に考えよう！

むずかしいにゃー

1030

次の五人のマラソンランナーのしょうげんから、ゴールしたじゅんばんを当ててね。

さとうくん　「ぼくはよしだくんの次の次にゴールしたんだ」
やまもとさん「わたしはさとうくんよりうしろだったよ」
よしだくん　「ぼくのじゅんいはヒ・ミ・ツ！」
こばやしくん「ぼくのうしろにはだれもいなかった」
たなかさん　「わたしはさとうくんより先にゴールしたよ」

食べたことになり✕　はるかちゃんがうそ…あみちゃんもうそをゆうとくんもうそをついていることになり✕）

1031

たくさんあるキャンディーを、四人で分けた。
次のしょうげんから、
もらった数が多いじゅんばんにならべてね。
もらった数は全員ちがうよ。

ゆいちゃん　「わたしはこうきくんより多くもらったよ」
さくらちゃん「わたしはゆいちゃんより数が少なかったの」
こうきくん　「ぼくはたいちくんより少なかったよ」
たいちくん　「ぼくはさくらちゃんより少なかったんだ」

前のページのこたえ
1029▶ゆうとくん（しょうたくんがうそ…あみちゃんもケーキをついていることになり✕　あみちゃんがうそ…しょうたくんと

レベル3 ウルトラ! なぞなぞ

なぞをとけ! 探偵団の名すいり

むずかしいにゃー

1032 とうのとびらが開いて出てきたのはどんな人?

1033 木は木でもとうぜんなぞがとける「木」ってなあに?

1034 にげたはんにんはまだ近くにいる?それとも遠くに行ってしまった?

1035 じけんげんばで小さな「こ」が見つかった。これってなあに?

四位やまもとさん、五位こばやしくん

1036

とうはとうでも
物をぬすんだり、
へんそうしたりする
「とう」は？

1037

はんざいなどの
やりかたをあらわす、
体の部分って
どことどこ？

1038

わくはわくでも
うたがってしまう
「わく」は？

1039

秋のくだものに点々が
ついたらとびらが開いたよ。
なにになったのかな？

1040

はんにんでないことを
しょうめいするために、
一ぴきのアリを二ひきにしたよ。
これってなあに？

手がかりを元に
考えると、
あやしいのは…

前のページのこたえ

1030▶一位よしだくん、二位たなかさん、三位さとうくん、

1031▶ゆいちゃん➡さくらちゃん➡たいちくん➡こうきくん

1041

じけんのひみつを
にぎっている、
九羽(きゅうわ)のトリってなあに？

1042

そのままでは
読(よ)めない手紙(てがみ)って
なん号(ごう)？

1043

しょうこの
じゅんばんをかえたら、
くしゃみが出(で)たよ。
なにになったかな？

1044

はんにんかもしれない人(ひと)が
乗(の)っている
汽車(きしゃ)ってなあに？

1045

さつはさつでも
さいふに入(はい)らない、
はんにんをつかまえる
「さつ」は？

1046

おまわりさんに
来(き)てほしかったら、
一一〇番(ひゃくとおばん)と
もう一(ひと)つはなん番(ばん)？

1034▶遠(とお)くに行(い)ってしまった（にげる→逃走(とうそう)＝遠(とお)そう） 1035▶しょうこ（小(しょう)「こ」）
1039▶カギ（「カキ」に点々(てんてん)をつける） 1040▶アリバイ（アリが倍(ばい)になる）

1047
四人のはんにんをさがすためのしょるいってなあに？

1048
「ほ」の字を書くと、「はんにんをつかまえた！」という意味になるよ。これなあに？

1049
じけんのなぞをとくにはなん人くらいいるといいかな？

1050
「本当のこと」という意味の「じじじじ」ってなあに？

前のページのこたえ
1032▶悪とう（開く・とう） 1033▶ひらめき（木）
1036▶怪盗 1037▶手と口（手口） 1038▶疑惑

レベル
3
ウルトラ!なぞなぞ

やったね!じけんかいけつ!

むずかしいにゃー

1051
さかさになった
たこがかかれた絵って
なあに?

1052
すばらしいはたらきを
した人のがらって
どんながら?

1053
探偵がじけんの真相を
「まむめも」したんだって。
どういうことかな?

1054
むすんでいないのに
すべてがわかったときに
とけたものって
なあに?

1044▶ようぎ者　1045▶けいさつ　1046▶交番
1049▶九人（じけんのなぞを究明＝九名する）　1050▶事実（じじ・2）

1055
ことはことでも
じけんをぶじに
かいけつしたときに
あらわれる
「こと」ってなあに？

1056
じょうはじょうでも
「ありがたい」と
言ってもらえる
「じょう」ってなあに？

1057
ぶじにじけんを
かいけつしたら
なん着？

1058
マツはマツでも
さいごの「マツ」ってなあに？

前のページのこたえ
1041▶トリック（トリ・九） 1042▶暗号 1043▶こしょう
1047▶指名（四名）手配書 1048▶かくほ（書く・ほ）

レベル 3 ウルトラ！なぞなぞ

みんなでおいわいだ♪

むずかしいにゃー

1059 両親や兄弟は家族。じゃあ、うまくいってうれしそうな人はなにぞく？

1060 上から読んでも下から読んでもめでたいものってなあに？

1061 タイはタイでもみんなの集まりなどにさそってくれる「タイ」ってなあに？

1062 ティーはティーでもおおぜいでいっしょに楽しむ「ティー」って？

1053▶見ぬいた（「み」をぬいた）　**1054**▶なぞ　**1055**▶みごと

1063
パイはパイでも
飲みものどうしでやる
「パイ」ってなあに？

1064
ウリはウリでも
木にならないで、
人がつくって食べる
「ウリ」は？

1065
たくさん食べた人の
ところに出てくる
「パイ」ってなあに？

1066
いっしょに楽しんだり、
悲しんだり、がんばったりする
「かま」ってなあに？

前のページのこたえ
1051▶こたえ（こた・絵）　1052▶手がら
1056▶感謝状、お礼状　1057▶一件落着　1058▶けつまつ

さいごのなぞなぞだよ!

1067

さみしいときにあらわれるトリってなあに?

1068

うしろを向いたらいつもいる生きものってなあに?

1062▶パーティー　**1063**▶かんぱい　**1064**▶料理

1069

タネはタネでも、
出会えてよかったと
思える人とわかれるときに
出てくる「タネ」って？

1070

本のページを一まい、
二まいと数えると、
さいごのページは
なんまいかな？

前のページのこたえ
1059▶満足　1060▶いわい　1061▶しょうたい
1065▶おなかいっぱい　1066▶なかま

こたえあわせ

なぞなぞは楽しかったかな？
なん回でもチャレンジして、
楽しんでね！

314・315ページのこたえ

1067 ひとり

1068 カエル（ふりかえる）

1069 またね！

1070 おしまい

36・37ページのこたえ

まちがいさがし

98・99ページのこたえ

漢字(かんじ)めいろ

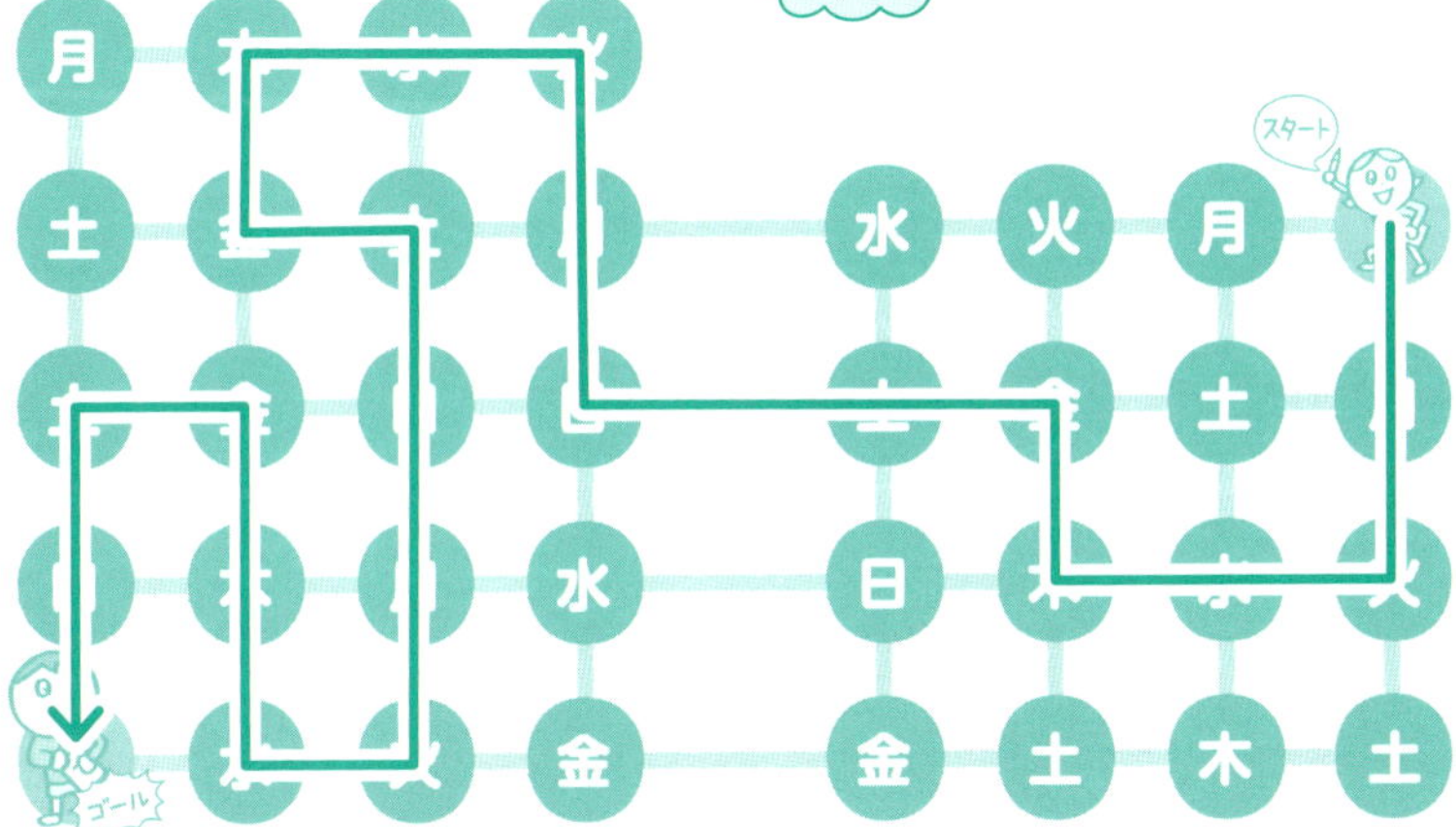

162・163ページのこたえ

ちょっとひとやすみ

言葉のまちがいさがし

228・229ページのこたえ

1★ひ	2ま	わ	3り
4か	★ど	■	★も
げ	■	5は	こ
■	6き	り	ん

こどものひ

274・275ページのこたえ

① おこる

・お母(かあ)さんは、**おこる**とこわい。

・この町(まち)は平和(へいわ)だから、じけんが**起(お)こる**ことはほとんどない。

② きのうは

・**きのうは**学校(がっこう)が休(やす)みだったから、友(とも)だちとたくさんあそんだ。

・このカメラの**機能(きのう)は**、写真(しゃしん)をとるだけじゃないんだ。

③ はしっていた

・けさ、弟(おとうと)はちこくしそうになって**走(はし)っていた**。

・今日(きょう)、体育(たいいく)があること**は知(し)っていた**んだけど、たいそう服(ふく)をわすれちゃった。

④ ときがたっていた

・気(き)づくと五十年(ごじゅうねん)もの**時(とき)がたっていた**。

・あのねこ、おなかがすいて、きっ**と気(き)が立(た)っていた**んだよ。

「気(き)が立(た)つ」は、「イライラする」という意味(いみ)だよ。

著者

小野寺ぴりり紳　おのでら ぴりりしん

1959年生まれ。おもにパズル、クイズ、なぞなぞなどの問題作成を手がける。出題スタッフとして多湖輝氏の『頭の体操』シリーズ（光文社）、ナゾ制作スタッフとしてゲームソフト『レイトン教授』シリーズ（レベルファイブ）にも参加。「小野寺紳」の名で書いた書籍も多い。

〈著書〉
『超スペシャル版 ひっかけクイズ』（ポプラ社）
『天才バカボン バカ田大学なぞなぞ入学試験第1回』（講談社）
『頭のストレッチ 謎解きパズル』（高橋書店）
『頭のストレッチ 謎解きパズル　トライアル』（高橋書店）
『頭のストレッチ ひらめき脳力パズル』（高橋書店）
『頭のストレッチ ひらめきクイズ&パズル』（高橋書店）　など多数

いちばんたのしい！ なぞなぞ大集合

著　者　小野寺ぴりり紳
発行者　高橋秀雄
発行所　**株式会社 高橋書店**
〒112-0013　東京都文京区音羽1-26-1
電話　03-3943-4525

ISBN978-4-471-10354-5　©TAKAHASHI SHOTEN　Printed in Japan

定価はカバーに表示してあります。

本書の内容についてのご質問は「書名、質問事項（ページ、内容）、お客様のご連絡先」を明記のうえ、郵送、FAX、ホームページお問い合わせフォームから小社へお送りください。
回答にはお時間をいただく場合がございます。また、電話によるお問い合わせ、本書の内容を超えたご質問にはお答えできませんので、ご了承ください。
本書に関する正誤等の情報は、小社ホームページもご参照ください。

【内容についての問い合わせ先】
書　面　〒112-0013　東京都文京区音羽1-26-1　高橋書店編集部
F A X　03-3943-4047
メール　小社ホームページお問い合わせフォームから　（https://www.takahashishoten.co.jp/）

【不良品についての問い合わせ先】
ページの順序間違い・抜けなど物理的欠陥がございましたら、電話03-3943-4529へお問い合わせください。ただし、古書店等で購入・入手された商品の交換には一切応じられません。